КАЖЕТСЯ,
ЧТО Я
ТРАМВАЙ

А.А. МИЛН

I THINK
I AM
A TRAM

Compiled and edited by Rima Greenhill

**Hermitage**

**1994**

A. A. Milne
*I Think I Am a Tram*
Poems

А. А. Милн
*Мне кажется, что я трамвай*
Стихи

Compiled and edited by Rima Greenhill

Copyright © 1993 by individual translators

All rights reserved

Library of Congress Cataloging-in-Publication Data

Milne, A.A. (Alan Alexander), 1882-1956
    [Poems. Russian & English. Selections]
    Mne kazhetsia, chto ia tramvai / A.A. Miln = I think
I am a tram / A.A. Milne; compiled and edited by Rima Greenhill.
      p. cm.
    English texts with Russian translations.
    Translated by S.IA. Marshak and others.
    ISBN 1-55779-068-x : $9.00
    1. Russian language--Readers. 2. Children poetry, English-Translations into Russian. I. Greenhill, Rima. II. Marshak, S. (Samuil), 1887-1964. III. Title. IV. Title: I think I am a tram.
PG2117.M54    1993
821'.912--dc20                                          93-44475
                                                                             CIP

Cover design by Mikhail Belomlinsky

Published by Hermitage Publishers
P.O. Box 410
Tenafly, N.J. 07670, U.S.A.
    Tel. (201) 894-8247

# CONTENTS

Introduction ............................. 6

COME OUT WITH ME! .....................
  Corner-of-the-Street ...................... 14
  Hoppity ................................ 16
  The Morning Walk ....................... 18
  Happiness .............................. 20
  Swing Song ............................. 22
  Journey's End .......................... 24
  Before Tea ............................. 26
  Waiting at the Window ................... 28
  At the Zoo ............................. 32
  Down by the Pond ....................... 34
  Market Square .......................... 38
  Sneezles ............................... 46
  Come Out with Me ...................... 52
  Solitude ............................... 54

THE KING'S BREAKFAST ..................
  The King's Breakfast ..................... 58
  The Emperor's Rhyme .................... 6 8
  Shoes and Stockings ...................... 74
  Little Bo-Peep and Little Boy Blue ............ 78
  Bad Sir Brian Botany ..................... 84
  King John's Christmas .................... 90
  King Hilary and the Beggarman .............. 100
  Buckingham Palace ...................... 110

I THINK I AM A TRAM ....................
    Cherry Stones ............................ 116
    Busy ..................................... 118
    In the Fashion ............................ 126
    Furry Bear ............................... 128
    Disobedience ............................. 130
    Cradle Song .............................. 138
    Jonathan Joe ............................. 140
    The Old Sailor ........................... 144
    The Alchemist ............................ 152
    The Three Foxes .......................... 154
    The Little Black Hen ...................... 158
    Spring Morning ........................... 166
    Independence ............................ 168
    In the Dark .............................. 170

*List of abbreviations:*

    coll. — colloquial
    dim. — diminutive
    lit. — literally
    p.w. — play on words
    term. — terminology

# СОДЕРЖАНИЕ

Предисловие .......................... 7

## ПОИГРАЙТЕ СО МНОЙ! ..................
Топ-топ-топ *(перевод Е.Юдина)* ........... 15
Прыг-скок *(перевод Е.Юдина)* .............. 17
Утренняя прогулка *(перевод Н.Слепаковой)* ... 19
Счастье *(перевод Е.Юдина)* ............... 21
Песенка для качелей *(перевод Е.Юдина)* ...... 23
На вершину горы *(перевод Е.Юдина)* ........ 25
Где ты, Джей? *(перевод Е.Юдина)* ........... 27
У окна *(перевод С.Я. Маршака)* ............ 29
В зоопарке *(перевод Н.Слепаковой)* ......... 33
У пруда *(перевод Е.Юдина)* ................ 35
На рынке *(перевод Е.Юдина)* ............... 41
Простуда *(перевод Е.Юдина)* ............... 47
Поиграйте со мной! *(перевод Е.Юдина)* ...... 53
Одиночество *(перевод Е.Юдина)* ........... 55

## КОРОЛЕВСКИЙ БУТЕРБРОД
Баллада о королевском бутерброде
  *(перевод С.Я.Маршака)* ................ 59
Королевская считалка *(перевод Н.Воронель)* ... 69
Туфельки и чулочки *(перевод Е.Юдина)* ...... 75
Пастушок и пастушка *(перевод Е.Юдина)* .... 79
Плохой Сэр Брайан Ботани
  *(перевод Е.Юдина)* .................... 85
Рождество короля Джона
  *(перевод Н.Воронель)* ................. 91
Король и бродяга *(перевод Н.Слепаковой)* .... 101
Королевский дворец *(перевод Н.Слепаковой)* .. 111

## МНЕ КАЖЕТСЯ, ЧТО Я ТРАМВАЙ
Вишнёвое деревце *(перевод Н.Слепаковой)* ... 117
Я занят *(перевод Е.Юдина)* ................ 119
Мода *(перевод Е.Юдина)* ................. 127
Меховой медведь *(перевод Н.Слепаковой)* .... 129
Непослушание *(перевод Е.Юдина)* .......... 131
Колыбельная песенка *(перевод Е.Юдина)* ..... 139
Джонатан Джо *(перевод Е.Юдина)* .......... 141
Бестолковый моряк *(перевод Н.Слепаковой)* .. 145
Волшебник *(перевод Е.Юдина)* ............. 153
Три лисички *(перевод Е.Юдина)* ............ 155
Чёрная курочка *(перевод Н.Слепаковой)* ...... 159
Весеннее утро *(перевод Е.Юдина)* ........... 167
Куда бы удрать? *(перевод Е.Юдина)* ......... 169
В темноте *(перевод Н.Слепаковой)* .......... 171

# INTRODUCTION

Like childhood memories, poems and nursery rhymes stay with us for the rest of our lives. In fact, we appreciate children's poems with age more so than in our childhood.

S.Marshak, the father of Russian children's literature used to say that books, like people, don't pass from one grade to another without passing an exam.[1] Even the most famous books have to pass a 'test' with each new generation of readers. This being so, not many other works intended for children have stood the test of time better than those of Alan Alexander Milne.

Despite his regular contributions to 'Punch' magazine, numerous essays, highly-successful plays and even a detective novel, A.A. Milne (1882-1956) is known primarily as a children's writer. Many generations of children have been brought up on his works and today the images of characters such as Winnie-the-Pooh, Piglet, Rabbit, Owl, Kanga, etc. have become permanent features in a child's cultural landscape. 'Winnie-the Pooh' is as well known and loved in Russia as he is in English speaking countries bringing joy to adults and children alike. It has been translated into more than 25 languages, including Latin and Esperanto.

Milne did not start out as a children's poet. His first

---

1 С.Я. Маршак. Собрание сочинений. Москва 1969, т.6, стр.438.

poem (entitled 'Vespers' appeared in the January 1923 issue of 'Vanity Fair' magazine in New York. It was written after Milne caught a glimpse of his two-year old son saying his prayers before going to bed. Milne gave this poem to his wife Daphne saying that she could keep the proceeds if she decided to publish it. 'Vanity Fair' paid her $50 for its publication. This was the beginning of Milne's career as 'some sort of poet laureate of the nursery'.[1]

When John Macrae of Dutton's — Milne's American publisher — heard that Milne was sending him a book of children's poetry instead of another detective novel which he had been expecting, he expressed open disappointment and apprehension.[2] The rest of Milne's poems followed, later forming two collections of poems — 'When We Were Very Young' (1924) and 'Now We Are Six' (1927). Both were inspired by his son Christopher Robin (born 21 August 1920) who was soon to become one of the best known children in the world (a role which made his life very difficult as he himself confessed in his own recollections of his childhood entitled 'Enchanted Places'). The books were an instant sell-out and by the time 'Now We Are Six' was published in 1927 260,000 copies of 'When We Were Very Young' had been sold.[3]

Writing for children carries a great responsibility with it. After all, children's first books not only teach them to

---

[1] A.Thwaite, 'A.A. Milne: His Life', Faber & Faber, London, 1990, p.241.
[2] Ibid, p.250.
[3] Ibid, p.268.

speak, but also to think and feel. Writing poetry for children of pre-school age is especially difficult. Children of this age cannot read by themselves and so a poem performs the same function for them as any toy. To keep them occupied a poem has to bring a child joy and stimulate his interest and imagination. Consequently, much is required from a children's poetry book. The poems must be lively, witty, laconic and use vivid imagery. They should be concrete with contagious rhythm and rhymes and ideally contain a play on words or an original juxtaposition of what would normally be unrelated objects, behaviours, notions or attitudes. For example, in Milne's poem 'Disobedience' a three year old child is supposedly looking after his mother rather than the other way around.

Much of the charm of Milne's poems lies in his dexterous use of rhythm and rhyme which makes them so memorable and in his playful and clever use of language, which is easily understood by very small children without being boring to adults.

Milne's contemporaries did not take children's writing very seriously. People thought that it was something that did not require much effort or talent and that anyone could do it in their spare time. Milne, however, never underestimated the genre. He worked as hard at his poems as he did at his plays where he earned himself a reputation for being the best example of those writers who suffer 'from their heavy effort to be insistently light'.[1] He was

---

[1] Ibid., p.230.

*fascinated by children but his attitude towards them was completely unsentimental. Milne was very much concerned with choldhood, both that of Christopher Robin as well as his own. His life as a writer was centered around his home so he was able to observe his only son very closely. His poems offer a true insight into a child's psyche, a window into his very soul. For example, in the poem 'Politeness' we see a little boy who answers the questions of others very politely while seething inside. The poems 'Busy' and 'In the Dark' allow us to see a child's private world of fantasy and vivid imaginings. This is what makes Milne's poems so appealing to both children and adults.*

*The first of Milne's poems to appear in Russian translation was 'The King's Breakfast' which was published in 1946 followed by six other poems in the 1960's. They were translated by S. Marshak and became classics of Soviet children's poetry. Two of them are featured in this collection alongside those translated by N. Voronel, N. Slepakova and E. Yudin who with 23 poems is the major contributor.*

*Translators are always faced with the problem of keeping as close as possible to the original text and spirit of the author despite the radical transformation of the text into a different linguistic and cultural milieu. Translating poetry from one language into another presents additional problems. Not only does the meaning of the original work have to be conveyed, but also the verse structure, rythm and intonation. The latter must transmit the emotional content of the poem (see, for instance, «Топ-топ-топ», which although not closely adhering to the original text* perfectly conveys the emotional message of the poem — the vivacity of the child and the tiredness of the nanny). In short, the translator must be a good poet in his own right as ultimately his task is to write a new version of the poem in a different language.

In doing so the translator must endow his poems with local 'colour'. For example, we learn that an alchemist can turn untasty каша into a much loved компот («Волшебник»), that a king is offered простокваша for his breakfast («Баллада о королевском бутерброде»), that the Emperor of Peru cannot sign his signature without making кляксы just like any Russian school-child («Королевская считалка»), that doctors treat a supposedly sick child with an age old Russian remedy — банки («Простуда»), that children play пятнашки and чехарда games («Весеннее утро») and go shopping to универмаг («Мода»). By presenting what is typically Russian the translator makes Milne a 'Russian poet' completely recognizable and accessible to Russian children.

Neologisms and plays on words present a special challenge for the translator because it is so easy to lose them in translation. Yet it is also an opportunity for a translator to demonstrate his own creativity. This is certainly true of such successful creations as чихотка (a mixture of чих — 'sneeze' and чахотка — 'consumption') as the name of non-existent illness which compares favourably with Milne's own neologism 'Sneezles' — a combination of 'sneeze' and 'measles' («Простуда») or of a very successful rendering of 'biffalo-buffalo-bison' as зубро-бубро-бизоны («В зоопарке»).

*Primarily this book is designed for those learning Russian. It is accessible to all levels of students of Russian from complete beginner to native speaker. Although the poems have not been arranged according to linguistic difficulty, the reader should be able to find some to suit every level. This anthology can also be useful to Russians who want to improve their English by gaining access to the poems through their Russian rendering.*

*It has been assumed that the reader will have some grounding in Russian. Consequently, the vocabulary notes are limited to an explanation of words that may present specific difficulties: less common words and phrases, set expressions, colloquialisms, plays on words and translators' neologisms.*

*A would like to thank 'Dutton' books for permission to publish the English text of the poems as well as Nina Voronel, Nonna Slepakova and Efim Yudin for allowing me to include their Russian versions in this reader.*

*The most gratitude, however, must go to Efim Yudin for his invaluable help in compiling and editing the reader and for specially translating several additional poems at my request to make this collection of Milne's poetry as complete and comprehensive as possible.*

*Rima Greenhill*                        *Stanford University*

# ПОИГРАЙТЕ СО МНОЙ!

# COME OUT WITH ME

## CORNER-OF-THE-STREET

Down by the corner of the street,
    Where the three roads meet,
        And the feet
Of the people as they pass go "Tweet-tweet-tweet—"
Who comes tripping round the corner of the street?
    One pair of shoes which are Nurse's;
    One pair of slippers which are Percy's...
        Tweet! Tweet! Tweet!

## ТОП-ТОП-ТОП

Шли по доро́ге
Весёлые но́ги:
Топ! Топ! Топ!¹

Шли по доро́ге
Уста́лые но́ги:
Топ.Топ.Топ.

Весёлые но́ги — Анни,
Уста́лые но́ги —
Ня́ни.
Топ, топ, топ.

---

¹ топ-топ-топ — pitter-patter, pitter-patter

# HOPPITY

Christopher Robin goes
Hoppity, hoppity,

Hoppity, hoppity, hop.
Whenever I tell him
Politely to stop it, he
Says he can't possibly stop.

If he stopped hopping, he couldn't go anywhere,
Poor little Christopher
Couldn't go anywhere...
That's why he *always* goes
Hoppity, hoppity,
Hoppity,
Hoppity,
Hop.

# ПРЫГ-СКОК

Кри́стофер Ро́бин
Не хо́дит, а ска́чет,
Вприпры́жку несётся,
По у́лице мчи́тся, —
Прыг-скок,
Прыг-скок.

— Кри́стофер Ро́бин,
Ты как-то ина́че,
Ну про́сто... ХОДИ́ТЬ бы
Не смог научи́ться?
(Прыг-скок,
Прыг-скок.)

Мне Кри́стофер Ро́бин
Сказа́л на скаку́:[1]
— Я ша́гом и ша́гу
Шагну́ть не смогу́.[2]

Бе́дный Кри́стофер Ро́бин!
Бе́дный Кри́стофер Ро́бин!

Так вот почему́
Не жале́ет он ног!
Прыг-скок,
Прыг-скок.
Прыг,
　　прыг,
　　　　скок.

---

[1] на скаку — while jumping
[2] я шагом и шагу шагнуть не смогу — I will not be able to step even one step (шаг — a step, шагом — stepping, шагнуть — to make a step)

## THE MORNING WALK

When Anne and I go out a walk,
We hold each other's hand and talk
Of all the things we mean to do
When Anne and I are forty-two.


And when we've thought about a thing,
Like bowling hoops or bicycling,
Or falling down on Anne's balloon,
We do it in the afternoon.

# УТРЕННЯЯ ПРОГУЛКА

Когда́ мы по́сле за́втрака с А́нни гуля́ем,
Мы де́ржимся за́ руки и размышля́ем,
Как мы бу́дем гуля́ть и о чём размышля́ть,
Когда́ сту́кнет обо́им нам лет со́рок пять.¹

Мы всё утро прово́дим в нау́чной бесе́де:
Размышля́ем об а́эро-велосипе́де,
И об а́эро-пла́не, и а́эро-ста́те,
И о кра́сном упу́щенном ша́рике, кста́ти.
Но едва́ с голово́й мы ухо́дим в бесе́ду,²
Соверше́нно некста́ти³ зову́т нас к обе́ду.

¹ когда стукнет обоим нам лет 45 — when we both turn (lit.hit) 45 years old
² с головой мы уходим в беседу — we get completely absorbed in our conversation
³ некстати — most untimely

# HAPPINÉSS

John had
Great Big
Waterproof
Boots on;
John had a
Great Big
Waterproof
Hat;
John had a
Great Big
Waterproof
Mackintosh —
And that
(Said John)
Is
That.

# СЧАСТЬЕ

Счастли́вец Джон!
Счастли́вец Джон!
Каки́е сапоги́ на нём!

Счастли́вый он!
Счастли́вый он!
И шля́па но́вая на нём!

Как сча́стлив Джон!
Счастли́вец он!
И плащ рези́новый на нём!

И дождь идёт,
И Джон идёт.
И дождь стучи́т,
А Джон поёт.
      Вот!

## SWING SONG

Here I go up in my swing
  Ever so high.
I am the King of the fields, and the King
  Of the town.
I am the King of the earth, and the King
  Of the sky.
Here I go up in my swing...
  Now I go down.

## ПÉСЕНКА ДЛЯ КАЧÉЛЕЙ

Я на качéлях
    вверх лечý
             вы-
                со-
                  кó.

Я корóль
    морéй, я корóль
             об-
              ла-
                ков.

Я корóль
    городóв, я лечý
            Ввысь!
            Ввысь!
            Ввысь!

А потóм
    я снóва лечý...
            Тóль-
              ко
              вниз!

# JOURNEY'S END

*Christopher, Christopher, where are you going,*
*Christopher Robin?*
"Just up to the top of the hill,
Upping and upping until
I am right on the top of the hill,"
Said Christopher Robin.

*Christopher, Christopher, why are you going,*
*Christopher Robin?*
*There's nothing to see, so when*
*You've got to the top, what then?*
"Just down to the bottom again,"
Said Christopher Robin.

## НА ВЕРШИ́НУ ГОРЫ́

— Кристофер, Кристофер, Кристофер Робин!
Куда ты собрался,
     Кристофер Робин?
Куда ты забрался,
     Кристофер Робин?

— На верши́ну горы́,
На са́мый верх,
Что́бы вы́ше тебя́ быть
И вы́ше всех, —
    Отвеча́ет Кри́стофер Ро́бин.

— Кристофер, Кристофер, Кристофер Робин!
Там ведь не с кем поиграть,
Там ведь не с кем поболтать,
     Кристофер Робин!

— Я же там не задержу́сь,[1]
Заберу́сь и вниз спущу́сь, —
    Отвеча́ет Кри́стофер Ро́бин.

---

[1] не задержусь — I will not be long

# BEFORE TEA

Emmeline
Has not been seen
For more than a week. She slipped between
The two tall trees at the end of the green...
We all went after her. "*Emmeline!*"

"Emmeline,
I didn't mean —
I only said that your hands weren't clean."
We went to the trees at the end of the green...
But Emmeline
Was not to be seen.

Emmeline
Came slipping between
The two tall trees at the end of the green.
We all ran up to her. "Emmeline!
Where have you been?
Where have you been?
Why, it's more than a week!" And Emmeline
Said, "Sillies, I went and saw the Queen.
She says my hands are *purfickly* clean!"

# ГДЕ ТЫ, ДЖЕЙ?

Где ты, Джей?
Где же ты, Джей?
Уже семь дней и семь ночей
Никто не видел нашу Джей.
Искали в доме и в саду,
Кричали все:
«Откликнись,[1] Джей!»

Но нету Джей.
Не видно Джей.
Сказал я только нашей Джей,
Что руки надо вымыть ей,
И с той поры пропала Джей,
Никто не видел Джей.

А вот и Джей!
Вернулась Джей!
Мелькнула Джей среди ветвей,
Мы сразу бросились все к ней.
Скажи скорей,
Скажи скорей,
Где ты гуляла столько дней?

— Ах, я была, — сказала Джей, —
У королевы у своей.
Она сказала мне, что рук
Ещё не видела ЧИСТЕЙ!
Вот это Джей![2]
Вот это Джей!

[1] откликнись! — say something!
[2] Вот это Джей! — that's Jay for you!

# WAITING AT THE WINDOW

These are my two drops of rain
Waiting on the window-pane.

I am waiting here to see
Which the winning one will be.

Both of them have different names.
One is John and one is James.

All the best and all the worst
Comes from which of them is first.

James has just begun to ooze.
He's the one I want to lose.

John is waiting to begin
He's the one I want to win.

James is going slowly on.
Something sort of sticks to John.

John is moving off at last.
James is going pretty fast.

John is rushing down the pane.
James is going slow again.

# У ОКНА́

Вот две ка́пли дождевы́е
На стекле́. Они́ живы́е.

Кто скоре́й домчи́тся вниз,
Та полу́чит пе́рвый приз.

Ка́ждой ка́пле дал я и́мя:
Это — Джо́нни, это — Джи́мми.

Пе́рвым в путь пусти́лся Джим.
Джон поку́да недвижи́м.[1]

Джим немно́жко тяжеле́е,
Но за Джо́на я боле́ю.[2]

С ме́ста дви́нулся и он.
Потара́пливайся,[3] Джон!

Джим вперёд лети́т без стра́ха.
Джон ползёт, как черепа́ха.[4]

Но и Джон застря́л в пути́ —
До́лжен му́ху обойти́.

Джон догна́л в доро́ге Джи́ма
И споко́йно мчи́тся ми́мо.

---

1 недвижим — motionless
2 болеть за — to support (sporting term.)
3 потарапливайся! — hurry up!
4 ползёт, как черепаха — crawls like a tortoise, i.e. very slowly

James has met a sort of smear.
John is getting very near.

Is he going fast enough?
(James has found a piece of fluff.)

John has hurried quickly by.
(James was talking to a fly.)

John is there, and John has won!
*Look! I told you! Here's the sun!*

Но и Джим неутоми́м —
Нажима́ет¹ сно́ва Джим,

Вниз несётся что есть ду́ху,²
Налете́л опять на му́ху.

Джон его и обогна́л.
Молоде́ц! Я так и знал.

Но исче́з он, сло́вно не был...
Тут и со́лнце вы́шло в не́бо!

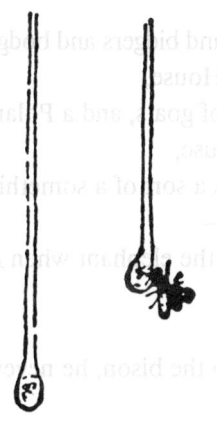

1 нажимать — to press on
2 что есть духу — with all (his) strength

## AT THE ZOO

There are lions and roaring tigers, and enormous camels
    and things,
There are biffalo-buffalo-bisons, and a great big bear
    with wings,
There's a sort of a tiny potamus, and a tiny nosserus too —
But *I* gave buns to the elephant when *I* went down to
    the Zoo!

There are badgers and bidgers and bodgers, and a Super-
    intendent's House,
There are masses of goats, and a Polar, and different
    kinds of mouse,
And I think there's a sort of a something which is called
    a wallaboo —
But *I* gave buns to the elephant when *I* went down to
    the Zoo!

If you try to talk to the bison, he never quite under-
    stands;
You can't shake hands with a mingo — he doesn't like
    shaking hands.
And lions and roaring tigers *hate* saying, "How do
    you do?" —
But *I* give buns to the elephant when *I* go down to the
    Zoo!

# В ЗООПА́РКЕ

Там бы́ли верблю́ды и ти́гры — там бы́ло на что посмотре́ть!
Там зу́бро- и бу́бро-бизо́ны[1] и о́чень крыла́тый медве́дь!
Там пла́вают липопота́мы[2] и многосоро́ги[3] стоя́т —
НО БУ́ЛКУ Я СРА́ЗУ ЖЕ О́ТДАЛ СЛОНУ́, КОГДА́ Я ПРИШЁЛ В ЗООСА́Д!

Там ры́си,[4] и кры́си,[5] и бры́си[6] и сла́дкий МОРО́ЖЕНЫЙ ДОМ,
Там есть Австрали́йский, Поля́рный, а та́кже Инди́йский с хвосто́м,
Там по́лзает что-то тако́е, про что «крякади́л»[7] говоря́т —
НО БУ́ЛКУ Я СРА́ЗУ ЖЕ О́ТДАЛ СЛОНУ́, КОГДА́ Я ПРИШЁЛ В ЗООСА́Д!

Не сто́ит бесе́довать с бу́бром[8] — он про́сто тебя́ не поймёт,
Руки́ не дава́й мяопа́рду[9] — он ру́ку тебе́ не пожмёт,
А львы — то́чно так же, как ти́гры, — здоро́ваясь, гро́зно рыча́т —
Я СНО́ВА ОТДА́М СВОЮ́ БУ́ЛКУ СЛОНУ́, КОГДА́ Я ПРИДУ́ В ЗООСА́Д.

1 зу́бро- и бу́бро-бизо́ны (p.w.) — biffalo-buffalo-bisons
2 липопота́мы (p.w.), i.e. гиппопота́мы — hippopotamuses
3 многосоро́ги, i.e. носоро́ги — rhinoceros. A play on words мно́го — a lot and «рог» — horn.
4 ры́си — lynxes
5 кры́си — play on the word крсы — rats
6 бры́си — a non-existent noun formed from the word брысь — shoo! scat!
7 «крякади́л» — i.e. крокоди́л. A play on words.
8 бубр — i.e. зубр — wild ox. A play on words.
9 мяопа́рд — i.e. леопа́рд. A play on the word «мяу!»

## DOWN BY THE POND

*I'm fishing.*
Don't talk, anybody, don't come near!
Can't you see that the fish might hear?
He thinks I'm playing with a piece of string;
He thinks I'm another sort of funny sort of thing,
    *But he doesn't know I'm fishing —*
    *He doesn't know I'm fishing.*
      That's what I'm doing —
        Fishing.

# У ПРУДА

Я ужу́ ры́бу.
Ти́ше! Пожа́луйста, ти́ше! Ну, что вы так шу́мно ступа́ете!
Ры́ба же мо́жет услы́шать. Вы ры́бу мне распуга́ете.
Я ду́маю, она́ ду́мает, что я — это про́сто де́ревце, а у́дочка —
э́то ве́тка.

Ей ведь и лю́ди, и у́дочки встреча́ются всё-таки ре́дко.
Она́ ведь не зна́ет, что Я здесь сижу́,
Она́ не понима́ет, что я ЕЁ ужу́.
Вот, что я де́лаю —
Я ужу́.

*No, I'm not, I'm newting.*
Don't cough, anybody, don't come by!
Any small noise makes a newt feel shy.
He thinks I'm a bush, or a new sort of tree;
He thinks it's somebody, but doesn't think it's Me,
    *And he doesn't know I'm newting —*
    *No, he doesn't know I'm newting.*
      That's what I'm doing —
        Newting.

Нет, я ужé не ужý,
Я за тритóном слежý.
Не подходи́те бли́зко! Не нáдо так грóмко дышáть!
Тритóн мóжет вас замéтить, смути́ться и убежáть.
Я думаю, что он думает, что я — это просто кустик или какой-то зверёк.
Инáче бы я так бли́зко подсéсть к немý рáзве смог?
Он ведь не знáет, что Я здесь сижý,
Он не понимáет, что я ЗА НИМ слежý.
Вот, что я дéлаю —
Я слежý.

## MARKET SQUARE

    I had a penny,
    A bright new penny,
    I took my penny
        To the market square.
    I wanted a rabbit,
    A little brown rabbit,
    And I looked for a rabbit
    'Most everywhere.

For I went to the stall where they sold sweet lavender
*("Only a penny for a bunch of lavender!")*
"Have you got a rabbit, 'cos I don't want lavender?"
    But they hadn't got a rabbit, not anywhere there.

    I had a penny,
    And I had another penny,
    I took my pennies
        To the market square.
    I did want a rabbit,
    A little baby rabbit,
    And I looked for rabbits
        'Most everywhere.

And I went to the stall were they sold fresh mackerel
*("Now then! Tuppence for a fresh-caught mackerel!")*
"Have you got a rabbit, 'cos I don't lime mackerel?"
    But they hadn't got a rabbit, not anywhere there.

# НА РЫ́НКЕ

Мой но́венький пе́нни,
Блестя́щий мой пе́нни,
Сверка́ющий пе́нни
  Я нёс на база́р.

Иска́л я крольчо́нка,[1]
Малы́шку крольчо́нка,
С уша́ми крольчо́нка —
  Пуши́стый това́р.

И я подошёл к прила́вку, где продава́ли сельдере́й.
(«Всего́ оди́н пе́нни за пучо́к сельдере́я!
Спеши́те купи́ть сельде́рей поскоре́е!»)
«Нет ли у вас кро́лика? Я не люблю́ сельдере́й.
А с кро́ликом бы́ло бы мне веселе́й.»
Но кро́лика у них не́ было.

Ещё оди́н пе́нни,
Два но́веньких пе́нни,
Звеня́щие пе́нни
  Я нёс на база́р.

Хоте́л я крольчо́нка,
Малы́шку крольчо́нка,
С уша́ми крольчо́нка —
  Пуши́стый това́р.

И я подошёл к прила́вку, где продава́ли живы́х окуне́й.
(«Всего́ два пе́нни пято́к окуне́й!
Спеши́те купи́ть окуне́й поскоре́й!»)
«Нет ли у вас кро́лика? Я не люблю́ окуне́й!
А с кро́ликом бы́ло бы мне веселе́й.
Но кро́лика у них не́ было.

---

[1] крольчо́нок (dim.) — кро́лик — rabbit

> I found a sixpence,
> A little white sixpence.
> I took it in my hand
>     To the market square.
> I was buying my rabbit
> (I do like rabbits),
> And I looked for my rabbit
>     'Most everywhere.

So I went to the stall where they sold fine saucepans
(*"Walk up, walk up, sixpence for a saucepan!"*)
"Could I have a rabbit, 'cos we've got two saucepans?"
    But they hand'n got a rabbit, not anywhere there.

> I had nuffin',
> No, I han't got nuffin',
> So I didn't go down
>     To the market square;
> But I walked on the common,
> The old-gold common...
> *And I saw little rabbits*
>     *'Most everywhere!*

So I'm sorry for the people who sell fine saucepans,
I'm sorry for the people who sell fresh mackerel,
I'm sorry for the people who sell sweet lavender,
'Cos they haven't got a rabbit, not anywhere there!

Нашёл я шесть пе́нни,
Моне́тку в шесть пе́нни,
Я э́ту моне́тку
    Понёс на база́р.

Хоте́л я крольчо́нка,
Малы́шку крольчо́нка,
Ребёнка крольчо́нка —
    Пуши́стый това́р.

И я подошёл к прила́вку, где продава́ли кастрю́ли
    и сковоро́дки.
(«Шесть пе́нни сто́ит сковорода́!
Иди́те, спеши́те, беги́те сюда́!»
«Нет ли у вас кро́лика? Мне не нужна́ сковорода́.
А с кро́ликом я б не скуча́л никогда́.»
Но кро́лика не́ было и у них.

На ры́нке не́ было крольча́т,
Пуши́стых, ма́леньких крольча́т,
Уша́стых, бе́леньких крольча́т,
    Они́ не продава́ли.

Тогда́ ушёл я на пусты́рь,
(За на́шим до́мом был пусты́рь),
На пустыре́ росли́ кусты́,
    И там ОНИ́ гуля́ли.

Мне о́чень жа́лко люде́й, кото́рые продаю́т прекра́сные кастрю́ли
    и сковоро́дки.
И ещё мне жа́лко люде́й, кото́рые продаю́т живы́х окуне́й.
А ещё мне о́чень жа́лко люде́й, кото́рые продаю́т арома́тный
    сельдере́й.
Потому́ что ни у кого́ из них нет ни одного́ кро́лика.

# SNEEZLES

Christopher Robin
Had wheezles
And sneezles,
They bundled him
Into
His bed.
They gave him what goes
With a cold in the nose,
And some more for a cold
In the head.
They wondered
If wheezles
Could turn
Into measles,
If sneezles
Would turn
Into mumps;

They examined his chest
For a rash,
And the rest
Of his body for swellings and lumps.

They sent for some doctors
In sneezles
And wheezles
To tell them what ought
To be done.

# ПРОСТУДА

Кри́стофер Ро́бин
Просту́жен
И ну́жен
Ему́
Абсолю́тный поко́й.
Роди́тели бы́ли
Расстро́ены о́чень,
Они́ волнова́лись
Ещё, ме́жду про́чим,
Что чи́хи
И ка́шель,
И про́чая хворь
Вы́зовут
Сви́нку,
      ветря́нку
            и корь.
А ма́льчика про́сто
Заму́чили чи́хи.[1]
Примча́лись на вы́зов
Врачи́ и врачи́хи,
Поста́вили ба́нки[2]
И да́ли миксту́ру,
И ме́рили до́лго
Температу́ру.

---

[1] чи́хи — sneezes
[2] ба́нки — an old-fashioned remedy against cough

All sorts and conditions
Of famous physicians
Came hurrying round
At a run.
They all made a note
Of the state of his throat,
They asked if he suffered from thirst;

They asked if the sneezles
Came *after* the wheezles,
Or if the first sneezle
Came first.
They said, "If you teazle
A sneezle
Or wheezle,
A measle
May easily grow.
But humour or pleazle
The wheezle
Or sneezle,
The measle
Will certainly go."

They expounded the reazles
For sneezles
And wheezles,
The manner of measles
When new.
They said "If he freezles
In draughts and in breezles,
Then PHTHEEZLES
May even ensue."

Врачи́ говори́ли:
— Коне́чно, правы́ вы
— От на́сморка ча́сто
Быва́ют нары́вы.
И ве́тра поры́вы
Рожда́ют нары́вы.
Тверди́ли врачи́хи:
— И чи́хи,
и бо́ли,
Как пра́вило, слу́жат
Разви́тию ко́ри.

Врачи́ уверя́ли,
Они́ повторя́ли
Трево́жно: — Едва́ ли
Возмо́жно, но чих
Иногда́
Вызыва́ет...
ЧИХО́ТКУ,[1]
Кото́рую вы́лечить
Бы́ло бы сло́жно.

Но е́сли и фо́рточка[2]
Бу́дет откры́та,
Лечи́ться придётся
Уже́ от бронхи́та,
В том слу́чае, е́сли
Не бу́деет плеври́та.
А е́сли услы́шать
Уда́стся нам хри́пы,
То вы́резать сро́чно
Придётся поли́пы.

Обду́мали всё мы
И вот на́ше мне́ние:
Корь обеспе́чена
Вам без сомне́ния.

---

[1] чихтка — an imaginary illness, a combination of чахотка — consumption and чих — a sneeze
[2] форточка — ventilation window

Christopher Robin
Got up in the morning,
The sneezles had vanished away.

And the look in his eye
Seemed to say to the sky,
*"Now, how to amuse them today?"*

Кри́стофер Ро́бин
Нау́тро просну́лся,
Сперва́ потяну́лся,
Пото́м улыбну́лся...
Ни чи́хов,
Ни ка́шля,
Ни бо́ли,
Ни ко́ри...
И он, напева́я
Весёлую пе́сню,
Стал ду́мать:

А что бы ТАКО́Е
Мне сде́лать сего́дня?
ЕЩЁ ИНТЕРЕ́СНЕЙ!

# COME OUT WITH ME

*There's sun on the river and sun on the hill...*
You can hear the sea if you stand quite still!
There's eight new puppies at Roundabout Farm —
And I saw an old sailor with only one arm!

But every one says, "Run along!"
(Run along, run along!)
All of them say "Run along! I'm busy as can be."
Every one says, "Run along,
There's a little darling!"
If I'm a little darling, why don't they run with me?

*There's wind on the river and wind on the hill...*
There's a dark dead water-wheel under the mill!
I saw a fly which had just been drowned —
And I know where a rabbit goes into the ground!

But every one says, "Run along!"
(Run along, run along!)
All of them say "Yes, dear," and never notice me.
Every one says, "Run along,
There's a little darling!"
If I'm a little darling, why won't they come and see?

# ПОИГРА́ЙТЕ СО МНОЙ!

Со́лнце сверка́ет над ре́чкой, хо́чется пе́сни петь.
И мо́жно услы́шать мо́ре, е́сли совсе́м не шуме́ть.
Во́семь щенко́в народи́лось на фе́рме, что за реко́й,
А ещё я ви́дел матро́са то́лько с одно́й ного́й.

    Но все говоря́т мне: «Беги́ поигра́й!»
    (Беги́ поигра́й, беги́ поигра́й!)
    Все повторя́ют: «Беги́ поигра́й!»
    «Ах, мы так за́няты, мой дорого́й!»
    «Ах, ма́льчик мой, голу́бчик[1] мой!»
    Но е́сли я пра́вда тако́й дорого́й,
    Почему́ же никто́ не игра́ет со мной?!

Ве́тер гуля́ет над ре́чкой, над по́лем и над горо́й.
Есть колесо́ водяно́е на ме́льнице под водо́й.
А ещё я заме́тил, как му́ху в плен забра́л[2] злой пау́к;
Я то́чно зна́ю то ме́сто в земле́, где пря́чется кро́лик —
              мой друг.

    А все говоря́т мне: «Беги́ поигра́й!»
    (Беги́ поигра́й, беги́ поигра́й!)
    Все повторя́ют: «Беги́ поигра́й!»
    «Ах, мой дорого́й, не крути́сь под нога́ми!»[3]
    Все говоря́т мне: «Беги́ поигра́й!»
    «Ах, ма́льчик мой, голу́бчик мой!»
    Но е́сли я пра́вда тако́й дорого́й,
    Почему́ вы со мной не игра́ете са́ми?!

---

[1] голу́бчик — sweetheart
[2] забра́ть в плен — to take prisoner
[3] не крути́сь под нога́ми — don't get in our way (lit. don't get underfoot)

# SOLITUDE

I have a house where I go
    When there's too many people,
I  have a house where I go
    Where no one can be;
I have a house where I go,
Where nobody ever says "No";
Where no one says anything — so
    There is no one but me.

# ОДИНОЧЕСТВО

Есть дом, куда я ухожу́,
Когда́ хочу́ побы́ть оди́н.
Есть дом, куда́ я ухожу́,
Где никого́ не мо́жет быть.
Есть дом, куда я ухожу́,
Где мне никто́ не ска́жет «нет».
Никто́ не ска́жет «де́лай так»,
«Броса́й игра́ть,[1] осты́л[2] обе́д»...
Есть дом, куда́ я ухожу́...

---

[1] броса́й играть! — quit playing!
[2] остыл — got cold

# КОРОЛЕВСКИЙ БУТЕРБРОД

# THE KING'S BREAKFAST

# THE KING'S BREAKFAST

The King asked
The Queen, and
The Queen asked
The Dairymaid:
"Could we have some butter for
The Royal slice of bread?"
The Queen asked
The Dairymaid,
The Dairymaid
Said, "Certainly,
I'll go and tell
The cow
Now
Before she goes to bed."

# БАЛЛА́ДА
# О КОРОЛЕ́ВСКОМ БУТЕРБРО́ДЕ

Коро́ль,
Его́ вели́чество,
Проси́л её вели́чество,
Что́бы её вели́чество
Спроси́ла у моло́чницы:
Нельзя́ ль доста́вить ма́сла
На за́втрак королю́.

Придво́рная моло́чница
Сказа́ла: — Разуме́ется.
Схожу́,
Скажу́
Коро́ве,
Поку́да я не сплю!

The Dairymaid
She curtsied,
And went and told
The Alderney:
"Don't forget the butter for
The Royal slice of bread."


The Alderney
Said sleepily:
"You'd better tell
His Majesty
That many people nowadays
Like marmalade
Instead."

The Dairymaid
Said, "Fancy!"
And went to
Her Majesty.
She curtsied to the Queen, and
She turned a little red:

Придво́рная моло́чница
Пошла́ к свое́й коро́ве
И говори́т коро́ве,
Лежа́щей на полу́:

— Веле́ли их вели́чество
Изве́стное коли́чество
Отбо́рнейшего[1] ма́сла
Доста́вить к их столу́!

Лени́вая коро́ва
Отве́тила спросо́нья:[2]
— Скажи́те их вели́чествам,
Что ны́нче о́чень мно́гие
Двуно́гие-безро́гие[3]
Предпочита́ют мармела́д,
А та́кже пастилу́!

Придво́рная моло́чница
Сказа́ла: — Вы поду́майте! —
И тут же короле́ве
Предста́вила докла́д:[4]

---

1 отборнейшее масло — best quality butter
2 сказала спросонья — said half-awake
3 двуногие-безрогие — two-legged creatures without horns — i.e. people
4 представить доклад — to report back

"Excuse me,
Your Majesty,
For taking of
The liberty,
But marmalade is tasty, if
It's very
Thickly
Spread."

The Queen said
"Oh!"
And went to
His Majesty:
"Talking of the butter for
The Royal slice of bread,

Many people
Think that
Marmalade
Is nicer.
Would you like to try a little
Marmalade
Instead?"

The King said,
"Bother!"
And then he said,
"Oh, deary me!"
The King sobbed, "Oh, deary me!"
And went back to bed.

— Сто раз прошу́ проще́ния
За э́то предложе́ние.
Но е́сли вы нама́жете
На то́нкий ло́мтик хле́ба
Фрукто́вый мармела́д,
Коро́ль, его́ вели́чество,
Наве́рно, бу́дет рад!

Тотча́с же короле́ва
Пошла́ к его́ вели́честву
И, бу́дто ме́жду про́чим,
Сказа́ла невпопа́д:[1]
— Ах да, мой друг, по по́воду
Обе́щанного ма́сла...[2]
Хоти́те ли попро́бовать
На за́втрак мармела́д?

Коро́ль отве́тил:
— Глу́пости! —
Коро́ль сказа́л:
— О бо́же мой! —
Коро́ль вздохну́л: — О го́споди! —
И сно́ва лёг в крова́ть.

---

1 сказать невпопад — to say quite inappropriately
2 по поводу обещанного масла — with regard to the promised butter

"Nobody,"
He whimpered,
"Could call me
A fussy man;
I *only* want
A little bit
Of butter for
My bread!"

The Queen said,
"There, there!"
And went to
The Dairymaid.

The Dairymaid
Said, "There, there!"
And went to the shed.

The cow said,
"There, there!
I didn't really
Mean it;
Here's milk for his porringer
And butter for his bread."

— Ещё никто́, — сказа́л он, —
Никто́ меня́ на све́те
Не называ́л капри́зным...
Проси́л я то́лько ма́сла
На за́втрак мне пода́ть!

На э́то короле́ва
Сказа́ла: — Ну, коне́чно! —
И тут же приказа́ла
Моло́чницу позва́ть.
Придво́рная моло́чница
Сказа́ла: — Ну, коне́чно! —
И тут же побежа́ла
В коро́вий хлев опя́ть.

Придво́рная коро́ва
Сказа́ла: — В чём же де́ло?
Я ничего́ ду́рного
Сказа́ть вам не хоте́ла.
Возьми́те простоква́ши,[1]
И молока́ для ка́ши,
И сли́вочного ма́сла
Могу́ вам то́же дать!

[1] простоква́ша —sour milk

The Queen took
The butter
And brought it to
His Majesty;
The King said,
"Butter, eh?"
And bounced out of bed.
"Nobody," he said,
As he kissed her
Tenderly,
"Nobody", he said,
As he slid down
The banisters,
"Nobody,
My darling,
Could call me
A fussy man —

BUT

*I do like a little bit of butter to my bread!"*

Придво́рная моло́чница
Сказа́ла: — Благода́рствуйте![1] —
И ма́сло на подно́се
Посла́ла королю́.
Коро́ль воскли́кнул: — Ма́сло!
Отли́чнейшее ма́сло!
Прекра́снейшее ма́сло!
Я так его люблю́!

— Никто́, никто́, — сказа́л он
И вы́лез из крова́ти.
— Никто́, никто́, — сказа́л он,
Спуска́ясь вниз в хала́те.
— Никто́, никто́, — сказа́л он,
Намы́лив ру́ки мы́лом.
— Никто́, никто́, — сказал он,
Съезжа́я по пери́лам, —
Никто́ не ска́жет, бу́дто я
Тира́н и сумасбро́д[2]
За то, что к чаю я люблю́
Хоро́ший бутербро́д!

---

[1] благодарствуйте! — thank you kindly!
[2] сумасброд — eccentric, unreasonable person

# THE EMPEROR'S RHYME

The King of Peru
(Who was Emperor too)
  Had a sort of a rhyme
    Which was useful to know,

If he felt very shy
When a stranger came by,
  Or they asked him the time
    When his watch didn't go;

Or supposing he fell
(By mistake) down a well,
  Or he tumbled when skating
    And sat on his hat,
Or perhaps wasn't told,
Till his porridge was cold,
  That his breakfast was waiting —
    Or something like that;

Oh, whenever the Emperor
Got into a temper, or
  Felt himself sulky or sad,
He would murmur and murmur,
Until he felt firmer,
  This curious rhyme which he had:

# КОРОЛЕВСКАЯ СЧИТАЛКА

Король империи Перу́
(Точне́е — импера́тор)
В дела́х знал толк и ме́ру,
Ума́ име́л пала́ту[1]
И повторя́л счита́лку,
Поле́зную для всех.

Когда́ очки́, к приме́ру,
Теря́л влады́ка Пе́ру,
Когда́, съезжа́я с го́рки,
Он па́дал но́сом в снег,
Когда́ горшо́к с цвета́ми
Роня́л на пла́тье да́ме,
Когда́ на шля́пу но́вую
Сади́лся невзнача́й,[2]
Когда́, бродя́ по лу́жам,
Он забыва́л про у́жин,
Опа́здывал в столо́вую
И пил осты́вший чай;
Когда́ он был не в ду́хе,[3]
Когда куса́лись му́хи
И никому́ не жа́лко
Быва́ло короля́,
В любо́м подо́бном слу́чае,
Пока́ не ста́нет лу́чше,
Коро́ль шепта́л счита́лку,
Губа́ми шевеля́:

[1] ума́ име́л пала́ту — was highly intelligent (lit. had a roomfull of brains) — usually said ironically of someone
[2] невзнача́й — accidently
[3] быть не в ду́хе — to be out of sorts

*Eight eights are sixty-four;*
  *Multiply by seven.*
*When it's done,*
*Carry one,*
  *And take away eleven.*
*Nine nines are eighty-one;*
  *Multiply by three.*
*If it's more,*
*Carry four,*
  *And then it's time for tea.*

So whenever the Queen
Took his armour to clean,
    And she didn't remember
      To use any starch;
Or his birthday (in May)
Was a horrible day,
    Being wet as November
      And windy as March;
Or, if sitting in state
With the Wise and the Great,
    He just happened to hiccup
      While signing his name,
Or the Queen gave a cough,
When his crown tumbled off
    As he bent down to pick up
      A pen for the same;

«Шéстью вóсемь — сóрок вóсемь,
На два дéлим, пять вынóсим;
Пя́тью дéвять — сóрок пять,
Три прибáвить, семь отня́ть,
На двенáдцать раздели́ть —
Вы́йдет врéмя кóфе пить!
Прочитáть наоборóт —
Вы́йдет врéмя пить компóт!»

Когдá его супрýга
(Мадáм императри́ца)
Бралá стирáть кольчýгу
Для прáздника в столи́це
И тут же забывáла
Отдáть её в крахмáл,
А в день его рождéния
Шёл дождь, как наводнéние,
И бýря бушевáла,
И вéтер кры́ши рвал,
Когдá влады́ка Пéру
Икáл в палáте пэ́ров
Так, что роня́л корóну,
Оснóву всех оснóв;
Когда он прóтив прáвил
На пóдпись кля́ксы[1] стáвил,
Когдá он падáл с трóна
В присýтствии послóв;

---

[1] клякса — ink blot

Oh, whenever the Emperor
Got into a temper, or
   Felt himself awkward and shy,

He would whisper and whisper,
Until he felt crisper,
   This odd little rhyme to the sky:

*   Eight eights are eighty-one;*
*      Multiply by seven.*
*   If it's more,*
*   Carry four,*
*      And take away eleven.*
*   Nine nines are sixty-four;*
*      Multiply by three.*
*   When it's done,*
*   Carry one,*
*      And then it's time for tea.*

Когда́ коро́ль пуга́лся,
Когда́ он спотыка́лся,
И никому́ не жа́лко
Быва́ло короля́.

В любо́м подо́бном слу́чае,
Пока́ не ста́нет лу́чше,
Коро́ль шепта́л счита́лку,
Губа́ми шевеля́:

«Ше́стью во́семь — со́рок во́семь,
На два де́лим, пять выно́сим.
Пя́тью де́вять — со́рок пять,
Три доба́вить, семь отня́ть,
На двена́дцать раздели́ть
Вы́йдет вре́мя ко́фе пить!
Прочита́ть наоборо́т —
Вы́йдет вре́мя пить компо́т!»

## SHOES AND STOCKINGS

There's a cavern in the mountain
      where the old men meet
(*Hammer, hammer, hammer...*
*Hammer, hammer, hammer...*)
They make gold slippers for my lady's feet
(*Hammer, hammer, hammer...*
*Hammer, hammer, hammer...*)
My lady is marrying her own true knight,
White her gown, and her veil is white,
But she must have slippers on her dainty feet.
*Hammer, hammer, hammer...*
*Hammer.*

## ТУ́ФЕЛЬКИ И ЧУ́ЛОЧКИ

В горе́ есть пеще́ра.
Сапо́жники в ней
(Тук-тук-тук,
Тук-тук-тук)
Ту́фельки шьют для неве́сты мое́й
(Тук-тук-тук,
Тук-тук-тук).
Для сва́дьбы гото́вы фата́ и коле́чко,
У ми́лой от сча́стья трепе́щет серде́чко,
Но ту́фелек нет у люби́мой мое́й.
Тук-тук-тук,
Тук.

There's a cottage by the river
              where the old wives meet
(*Chatter, chatter, chatter...*
*Chatter, chatter, chatter...*)
They weave gold stockings for my lady's feet

(*Chatter, chatter, chatter...*
*Chatter, chatter, chatter...*)
My lady is going to her own true man,
Youth to youth, since the world began,
But she must have stockings on her dainty feet.
*Chatter, chatter, chatter...*
*Chatter.*

За ре́чкой избу́шка есть,
Ба́рышни в ней
(Шу-шу-шу,
Шу-шу-шу)
Вя́жут чуло́чки неве́сте мое́й
(Шу-шу-шу,
Шу-шу-шу).
Для сва́дьбы гото́в белосне́жный наря́д,
Сердца́ на́ши пы́лкой любо́вью горя́т,
Но нету чуло́чков у ми́лой мое́й.
Шу-шу-шу,
Шу.

# LITTLE BO-PEEP AND LITTLE BOY BLUE

"What have you done with your sheep,
                Little Bo-Peep?
What have you done with your sheep,
                Bo-Peep?"
"Little Boy Blue, what fun!
I've lost them, every one!"
"Oh, what a thing to have done,
                Little Bo-Peep!"

"What have you done with your sheep,
                Little Boy Blue?
What have you done with your sheep,
                Boy Blue?"
"Little Bo-Peep, my sheep
Went off, when I was asleep."
"I'm sorry about your sheep,
                Little Boy Blue."

"What are you going to do,
                Little Bo-Peep?
What are you going to do,
                Bo-Peep?"
"Little Boy Blue, you'll see
They'll all come home to tea."
"They wouldn't do that for me,
                Little Bo-Peep."

# ПАСТУШОК И ПАСТУШКА

«Где же все твои овечки,
 милая пастушка?
Где же все твои овечки,
 милая пастушка?»
«Как это смешно, пастушок дорогой!
Я всех потеряла их — всех до одной.»
«Как же это случилось с тобой,
 миленькая пастушка?»

«Где же все твои овечки,
 милый мой пастушок?
Где же все твои овечки,
 милый мой пастушок?»
«Пастушка, я только прилёг на часок,
А вечером встал и найти их не смог.»
«Мне жалко овечек твоих, пастушок,
 миленький мой дружок.»

«Что же ты станешь делать,
 миленькая пастушка?
Что же ты станешь делать,
 миленькая пастушка?»
«Ой, пастушок, да вечерней порой
К чаю они прибегут домой.»
«Мои не вернутся сами собой,
 миленькая пастушка.»

"What are you going to do,
    Little Boy Blue?
What are you going to do,
    Boy Blue?"
"Little Bo-Peep, I'll blow
My horn for an hour or so."
"Isn't that rather slow,
    Little Boy Blue?"

"Whom are you going to marry,
    Little Bo-Peep?
Whom are you going to marry,
    Bo-Peep?"
"Little Boy Blue, Boy Blue,
I'd like to marry you."
"I think I should like it too,
    Little Bo-Peep."

«Что же ты станешь делать,
  милый мой пастушок?
Что же ты станешь делать,
  милый мой пастушок?»
«Я часик-другой в свой подую рожок —
Овечки вернутся опять на лужок.»
«А ты не устанешь дуть в свой рожок,
  миленький мой дружок?»

«А замуж ты за кого пойдёшь,
  миленькая пастушка?
А замуж ты за кого пойдёшь,
  миленькая пастушка?»
«Ой, пастушок ты мой дорогой,
Обвенчаться[1] хотела бы я с тобой.»
«Невесты и я не хочу другой,
  миленькая пастушка.»

[1] обвенчаться — to get married in church

"Where are we going to live,
        Little Boy Blue?
Where are we going to live,
        Boy Blue?"

"Little Bo-Peep, Bo-Peep,
Up in the hills with the sheep."
 "And you'll love your little Bo-Peep,
        Little Boy Blue?"

"I'll love you for ever and ever,
        Little Bo-Peep.
I'll love you for ever and ever,
        Bo-Peep."
"Little Boy Blue, my dear,
Keep near, keep very near."
"I shall be always here,
        Little Bo-Peep."

«А где мы бу́дем с тобо́ю жить,
  ми́лый мой пастушо́к?
А где мы бу́дем с тобо́ю жить,
  ми́лый мой пастушо́к?»
«Я до́мик постро́ю у го́рной ре́чки,
Там, где резвя́тся[1] на́ши ове́чки.»
«А ты меня́ бу́дешь всегда́ люби́ть,
  ми́ленький мой дружо́к?»

«Сто́лько, ско́лько я бу́ду жить,
  ми́ленькая пасту́шка.
Сто́лько, ско́лько я бу́ду жить,
  ми́ленькая пасту́шка.»
«Ой, пастушо́к ты мой дорого́й,
Сядь бли́же, сядь совсе́м ря́дом со мной.»
«Я никогда́ не расста́нусь с тобо́й,
  ми́ленькая пасту́шка.»

[1] резвя́тся — play, run around playfully

# BAD SIR BRIAN BOTANY

Sir Brian had a battleaxe with great big knobs on;
>He went amont the villagers and blipped them on the head.

On Wednesday and on Saturday, but mostly on the latter day,
He called at all the cottages, and this is what he said:

>"I am Sir Brian!" *(ting-ling)*
>>"I am Sir Brian!" *(rat-tat)*
>"I am Sir Brian, as bold as a lion —
>>Take *that!* — and *that* — and *that!*"

Sir Brian had a pair of boots with great big spurs on,
>A fighting pair of which he was particularly fond.

On Tuesday and on Friday, just to make the street look tidy,
>He'd collect the passing villagers and kick them in the pond.

# ПЛОХО́Й СЭР БРАЙА́Н БО́ТАНИ

У сэ́ра Брайа́на
          был топо́р
И ши́шки на топоре́,
И он ходи́л
          среди́ крестья́н
И бу́мкал[1] их по голове́.
Он бу́мкал по сре́дам
          и четверга́м,
А по суббо́там он их лупи́л,[2]
И он заходи́л
          во все дома́,
И вот, что он там говори́л:

    Я сэр Брайа́н! (рум-там)
    Я сэр Брайа́н! (рум-тум)
    Я сэр Брайа́н, хра́брый, как лев,
    И вот получи́те свой бум!

И бы́ли со шпо́рами
          сапоги́
У сэ́ра Брайа́на то́же.
И он надева́л их,
          но то́лько тогда́,
Когда́ он лупи́л прохо́жих.
А что́бы на у́лице
          бы́ло чи́сто,
Он не счита́л за труд[3]
По воскресе́ньям
          выбра́сывать ли́чно
Крестья́н и крестья́нок в пруд.

---

[1] бу́мкать — to hit
[2] лупи́ть — to beat up
[3] не счита́л за труд — did not consider it too much trouble

"I am Sir Brian!" *(sper-lash)*
"I am Sir Brian!" *(sper-losh!)*
"I am Sir Brian, as bold as a lion —
Is anyone else for a wash?"

Sir Brian woke one morning, and
        he couldn't find his battleaxe;
   He walked into the village in his second pair of boots.
He had gone a hundred paces, when the street was full
        of faces,
   And the villagers were round him with ironical salutes:

"You are Sir Brian? Indeed!
You are Sir Brian? Dear, dear!
You are Sir Brian, as bold as a lion?
Delighted to meet you here!"

Sir Brian went a journey, and he found a lot of duck-weed;
   They pulled him out and dried him, and they blipped him
        on the head.
They took him by the breeches, and they hurled him
        into ditches,
   And they pushed him under waterfalls, and this is
        what they said:

Я сэр Брайа́н! (буб-даб)
Я сэр Брайа́н! (буб-ду)
Я сэр Брайа́н, хра́брый, как лев!
Кто хо́чет помы́ться в пруду́?

Но вот, просну́вшись
          одна́жды у́тром,
Он не нашёл свой топо́р.
И он отпра́вился
          по дере́вне
Уже́ без сапог и без шпор.
И он прошёл
          совсем немно́го,
И сра́зу был встре́чен толпо́й,
И все крестья́не,
          его окружи́в,
Крича́ли наперебо́й:[1]

      Ты сэр Брайа́н? Как так!
      Ты сэр Брайа́н? (бат-рут)
      Ты сэр Брайа́н, хра́брый, как лев?
      Как хорошо́, что ты тут!

Его отпра́вили
          прогуля́ться
С ры́бами под водо́й,
Пото́м доста́ли
          и подсуши́ли,
И плю́хнули вниз голово́й[2]
Под са́мый-са́мый
          большо́й водопа́д,
Пото́м за штаны́ раскача́ли
И бро́сили пря́мо
          в кана́ву с крапи́вой,

---

[1] кричали наперебой — shouted all at the same time
[2] плюхнули вниз головой — threw him to the ground head first

"You are Sir Brian — don't laugh,
   You are Sir Brian — don't cry;
You are Sir Brian, as bold as a lion —
   Sir Brian, the lion, good-bye!"


Sir Brian struggled home again, and chopped up his
      battleaxe,
   Sir Brian took his gifhting boots, and threw them in
      the fire.
He is quite a different person now he hasn't got his
      spurs on,
   And he goes about the village as B. Botany, Esquire.


"I am Sir Brian? Oh, *no*!
   I am Sir Brian? Who's he?
*I* haven't got any title, I'm Botany —
   Plain Mr. Botany (B)."

Ты сэр Брайа́н? Ха-ха!
Ты сэр Брайа́н? Не плачь!
Ты сэр Брайа́н, хра́брый, как лев?
Беги́-ка домо́й, сила́ч!

И сэр Брайа́н
   побежа́л домо́й
И там излома́л свой топо́р.
И нет у него́
   тепе́рь топора́,
И нет ни сапо́г, ни шпор.
Он хо́дит тихо́нечко
   по дере́вне,
Ку́рит сига́ру и но́сит гало́ши,
И он совсе́м
   не похо́ж на злоде́я —
Он тепе́рь о́чень хоро́ший.

Я сэр Брайа́н? Ну нет!
Мой гало́ши? Вот они́!
Я хра́брый, как лев? Куда́ уж мне![1]
Я про́сто ми́стер Бо́тани.

---

[1] куда уж мне! — how can I?!

# KING JOHN'S CHRISTMAS

King John was not a good man —
    He had his little ways.
And sometimes no one spoke to him
    For days and days and days.
And men who came across him,
    When walking in the town,
Gave him a supercilious stare,
Or passed with noses in the air —
And bad King John stood dumbly there,
    Blushing beneath his crown

King John was not a good man,
    An no good friends had he.
He stayed in every afternoon...
    But no one came to tea.
And, round about December,
    The cards upon his shelf
  Which wished him lots of Christmas cheer,
And fortune in the coming year,
Were never from his near and dear,
    But only from himself.

# РОЖДЕСТВО КОРОЛЯ ДЖОНА

У короля́ был скве́рный нрав:
Он жу́льничал в лото́, —
За э́то не води́лся с ним
Никто́, никто́, никто́.[1]
Прохо́жие при встре́че с ним,
Промя́млив[2] свой «Приве́т!»,
Стоя́ли, не меня́я поз,
Шли мимо́, вверх задра́вши нос.
Коро́ль, оби́женный до слёз,
Смотре́л им мо́лча вслед.

У короля́ был скве́рный нрав:
Он ве́чно всем груби́л.
И да́же чай за э́то с ним
Никто́-никто́ не пил.
А накану́не Рождества́
Он пи́сьма получа́л:
Ему́ жела́ли до́лгих дней,
Сласте́й, гости́нцев и госте́й,
Но э́ти пи́сьма от друзе́й
Он сам себе́ писа́л.

[1] не водился с ним никто — nobody wanted to have anything to do with him
[2] промямлив — having mumbled

King John was not a good man,
> Yet had his hopes and fears.
They'r given him no present now
> For years and years and years.
But every year at Christmas,
> While minstrels stood about,
Collecting tribute from the young
For all the songs they might have sung,
He stole away upstairs and hung
> A hopeful stocking out.

King John was not a good man,
> He lived his life aloof;
Alone he thought a message out
> While climbing up the roof.
He wrote it down and propped it
> Against the chimney stack:
"TO ALL AND SUNDRY — NEAR AND FAR —-
F. CHRISTMAS IN PARTICULAR."
And signed it not "Johannes R."
> But very humbly, "JACK."

У короля́ был скве́рный нрав,
И всем поня́тно, что
Ему́ пода́рков не дари́л
Никто́, никто́, никто́.
Но накану́не Рождества́,
Когда́ хрусте́л снежо́к
И музыка́нты пе́ли так,
Что богате́л любо́й бедня́к,
Коро́ль взбира́лся на черда́к
И ве́шал свой чулок.

У короля́ был скве́рный нрав,
И я́сно, почему́
Одна́жды дли́нное письмо́
Пришло́сь писа́ть ему́.
Письмо́ он ме́лом написа́л
На кры́ше с двух сторо́н:
«Всем, всем — от ло́рдов до крестья́н, —
Всем Дед Моро́зам ра́зных стран!»
И подписа́л не «Рекс Джоа́н»,
А о́чень скро́мно: «Джон».

"I want some crackers,
    And I want some candy;
I think a box of chocolates
    Would come in handy;
I don't mind oranges,
    I do like nuts!
And I SHOULD like a pocket-knife
    That really cuts.
And, oh! Father Christmas, if you love me at all,
Bring me a big, red india-rubber ball!"


King John was not a good man —
    He wrote this message out,
And gat him to his room again,
    Descending by the spout.
And all that night he lay there,
    A prey to hopes and fears.
"I think that's him a-coming now,"
    (Anxiety bedewed his brow.)
"He'll bring one present, anyhow —
    The first I've had for years."


"Forget about the crackers,
    And forget about the candy;
I'm sure a box of chocolates
    Would never come in handy;
I don't like oranges,
    I don't want nuts,
And I HAVE got a pocket-knife
    That almost cuts.
But, oh! Father Christmas, if you love me at all,
Bring me a big, red india-rubber ball!"

«Хоте́л бы я пече́нья
И леденцо́в на мя́те,
И пли́тка шокола́да
Была́ бы то́же кста́ти.
Хоте́л бы я бана́нов,
Хоте́л халвы́ чуть-чуть,
Хоте́л бы нож карма́нный,
Чтоб ре́зал что-нибу́дь.
И непреме́нно, Дед Моро́з,
В чуло́к сего́дня спрячь
Тако́й большо́й и кру́глый
Футбо́льный кра́сный мяч!»

У короля́ был скве́рный нрав,
Коро́ль ушёл к себе́,
Он с кры́ши в ко́мнату свою́
Спусти́лся по трубе́.
Но он всю ночь не мог усну́ть,
Он повторя́л в тоске́:
«Коне́чно, Дед Моро́з придёт...»
Он утира́л холо́дный пот, —
«Коне́чно, в э́тот Но́вый год
Я мяч найду́ в чулке́!

Пече́нья мне не на́до,
Не на́до леденцо́в,
Без пли́тки шокола́да
Я жил, в конце́ концо́в,
Не на́до мне бана́нов,
Халвы́ я не хочу́,
Свой ста́рый нож карма́нный
Я за́втра наточу́.
Но ми́лый, ми́лый Дед Моро́з,
В чуло́к сего́дня спрячь
Тако́й большо́й и кру́глый
футбо́льный кра́сный мяч!»

King John was not a good man —
    Next morning when the sun
Rose up to tell a waiting world
    That Christmas had begun,
And people seized their stockings,
    And opened them with glee,
And crackers, toys and games appeared,
And lips with sticky sweets were smeared,
King John said grimly: "As I feared,
    Nothing again for me!"

"I did want crackers,
    And I did want candy;
I know a box of chocolates
    Would come in handy;
I do love oranges,
    I did want nuts.
I haven't got a pocket-knife —
    Not one that cuts.
And, oh! if Father Christmas had loved me at all,
He would have brought a big, red india-rubber ball!"

У короля́ был скве́рный нрав,
Он у́тром встал чуть свет,[1]
Он взял чуло́к и увида́л,
Что в нём пода́рка нет.
А в э́тот час во всех дома́х
У по́дданных его́
Мячи́ кати́лись на парке́т,
Слипа́лись гу́бы от конфе́т...
Коро́ль вздохну́л: "Коне́чно, нет
Мне сно́ва ничего́!

Да, я проси́л пече́нья
И леденцо́в на мя́те,
Да, пли́тка шокола́да
Была́ бы то́же кста́ти.
Да, я проси́л бана́нов,
Проси́л халвы́ чуть-чуть,
Проси́л я нож карма́нный,
Чтоб ре́зал что-нибу́дь...
Пусть это всё, пусть это всё
Проси́л я сгоряча́:[2]
Но почему́ мне Дед Моро́з
Не подари́л мяча́?"

---

[1] чуть свет — at day-break
[2] сгоряча — in the heat of the moment

King John stood by the window,
   And frowned to see below
The happy bands of boys and girls
   All playing in the snow.
A while he stood there watching,
   And envying them all...
When through the window big and red
There hurtled by his royal head,
And bounced and fell upon the bed,
   An india-rubber ball!

AND OH, FATHER CHRISTMAS,
MY BLESSINGS ON YOU FALL
   FOR BRINGING HIM
   A BIG, RED,
   INDIA-RUBBER
   BALL!

Коро́ль склони́лся у окна́
Под гру́зом неуда́ч:
Внизу́ на пра́здничном снегу́
Гоня́ли де́ти мяч.
И ста́ло гру́стно королю́, —
Хоть оверни́сь и плачь!¹
Как вдруг мину́ты че́рез две,
Огре́в его по голове́,²
По ко́мнате, как по траве́,
Запрыга́л кра́сный мяч!!

Большо́й! Футбо́льный! Кра́сный! Мяч! —
           У р а́ ! У р а́ ! У р а́ !
Огро́мное спаси́бо всем де́тям со двора́!
Пусть ма́мы ку́пят им конфе́т
И поведу́т в кино́
За то, что бро́сили они́
футбо́льный мяч в окно́.

---

1 хоть отвернись и плачь — (he) felt like turning away and crying
2 огрев его по голове — having hit him over the head

# KING HILARY
# AND THE BEGGARMAN

*Of Hilary the Great and Good*
    *They tell a tale at Christmas time*
*I've often thought the story would*
*Be prettier but just as good*
*If almost anybody should*
    *Translate it into rime.*
*So I have done the best I can*
*For lack of some more learned man.*


Good King Hilary
Said to his Chancellor
(Proud Lord Willoughby,
Lord High Chancellor):
"Run to the wicket-gate
Quickly, quickly,
Run to the wicket-gate
    And see who is knocking.
It may be a rich man,
Sea-borne from Araby,
Bringing me peacocks,
Emeralds and ivory;
It may be a poor man,
Travel-worn and weary,
Bringing me oranges
    To put in my stocking."

# КОРО́ЛЬ И БРОДЯ́ГА

Как ча́сто слы́шал я расска́з,
Кото́рый пе́ред ва́ми!
И мне каза́лось ка́ждый раз,
Что стал бы лу́чше он в сто раз,
Когда́ б Поэ́т его́ для нас
Пересказа́л стиха́ми!
Поэ́та не дожда́ться нам,
И я за де́ло взя́лся сам.

Коро́ль говори́т
Своему́ Ло́рду-Ка́нцлеру
(Го́рдому ло́рду
Э́нтони Чва́нслеру):
"Сбе́гай к воро́там
Бы́стренько-бы́стренько
И разузна́й,
Кто так гро́мко и ве́село
ДЁРГАЕТ НАШ ЗВОНО́К?

Быть мо́жет, Купе́ц
Из тропи́ческой А́фрики
Привёз мне павли́на,
Жира́фа и стра́уса?
А мо́жет, Садо́вник,
С большу́щей корзи́ною
Пришёл, чтоб сложи́ть апельси́ны и я́блоки
У НА́ШИХ ЦА́РСТВЕННЫХ НОГ?"

Proud Lord Willoughby,
Lord High Chancellor,
    Laughed both loud and free:*
"I've served Your Majesty, man to man
Since first Your Majesty's reign began,
And I've often walked, but I never, never ran,
    Never, never, never," quoth he.

Good King Hilary
Said to his Chancellor
(Proud Lord Willoughby,
Lord High Chancellor):

"Walk to the wicket-gate
Quickly, quickly,
Walk to the wicket-gate
    And see who is knocking.
It may be a captain,
Hawk-nosed, bearded,
Bringing me gold-dust,
Spices, and sandalwood:

* Haw! Haw! Haw!

...Но го́рдый Лорд-Ка́нцлер
Э́нтони Чва́нслер
Хохо́чет — ну про́сто беда́!*¹

«Я Ва́шему Вели́честву всегда́ служи́л отли́чно,
Уж Ва́ше-то Вели́чество об э́том зна́ет ли́чно!
Могу́ я то́лько ШЕ́СТВОВАТЬ — мне бе́гать неприли́чно!
О нет! Никогда́! Ни-ког-да́!»

Коро́ль говори́т
Своему́ Ло́рду-Ка́нцлеру
(Го́рдому ло́рду
Э́нтони Чва́нслеру):
«Ше́ствуй к воро́там
Бы́стренько-бы́стренько
И впусти́ к нам
Того́, кто так насто́йчиво
ДЁРГАЕТ НАШ ЗВОНО́К!

А вдруг Капита́н
Загоре́лый, обве́тренный,
Привёз мне кори́цу
И про́чие пря́ности?

* Вот так: ХА! ХА! ХА!

¹ хохочет — ну просто беда! — he is laughing like you would never believe

It may be a scullion,
Care-free, whistling,
Bringing me sugar-plums
    To put in my stocking."


Proud Lord Willoughby,
Lord High Chancellor,
    Laughed both loud and free:
"I've served in the Palace since I was four,
And I'll serve in the Palace a-many years more,
And I've opened a window, but never a door,
    Never, never, never," quoth he.


Good King Hilary
Said to his Chancellor
(Proud Lord Willoughby,
Lord High Chancellor):
"Open the window
Quickly, quickly,
Open the window
    And see who is knocking.

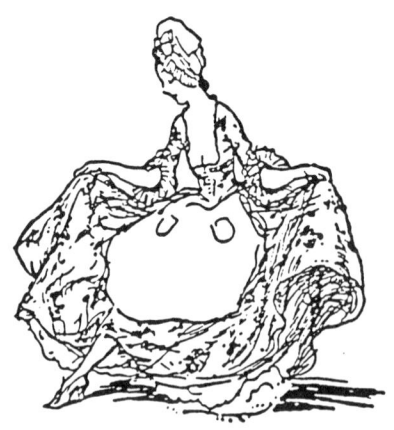

It may be a waiting-maid,
Apple-cheeked, dimpled,
Sent by her mistress
To bring me greeting;

А вдруг Поварёнок,
Свистя́ легкомы́сленно,
Пришёл, чтоб сложи́ть пирожки́ и пиро́жные
У НА́ШИХ ЦА́РСТВЕННЫХ НОГ?

...Но го́рдый Лорд-Ка́нцлер
Э́нтони Чва́нслер
Хохо́чет — ну про́сто беда́!
«Я Ва́шему Вели́честву всегда́ служи́л испра́вно,[1]
И к Ва́шему Вели́честву я приближа́лся пла́вно,[2]
Я о́кна ре́дко открыва́л, а две́ри — и пода́вно![3]
О нет! Никогда́! Ни-ког-да́!»

Коро́ль говори́т
Своему́ Ло́рду-Ка́нцлеру
(Го́рдому ло́рду
Э́нтони Чва́нслеру):
«Откро́й-ка око́шко
Бы́стренько-бы́стренько
И погляди́ хоть,
Кто так отча́янно
ДЁРГАЕТ НАШ ЗВОНО́К?

Быть мо́жет, Служа́нка
Румя́ная, шу́страя,
На пра́здничный бал
Принесла́ приглаше́ние?

---

[1] исправно — conscientiously
[2] плавно — gracefully
[3] подавно — let alone

It may be children,
Anxious, whispering,
Bringing me cobnuts,
    To put in my stocking."


Proud Lord Willoughby,
Lord High Chancellor,
    Laughed both loud and free;
"I'll serve Your Majesty till I die —
As Lord Chancellor, not as spy
To peep from lattices; no, not I,
    Never, never, never," quoth he.


Good King Hilary
Looked at his Chancellor
(Proud Lord Willoughby,
Lord High Chancellor):
He said no word
To his stiff-set Chancellor,
But ran to the wicket-gate
    To see who was knocking.
He found no rich man
Trading from Araby;
He found no captain,
Blue-eyed, weather-tanned;
He found no waiting-maid
Sent by her mistress;
But only a beggarman
    With one red stocking.

А мо́жет, там Де́ти
Взволно́ванно ше́пчутся —
Хотя́т положи́ть два мешо́чка с оре́хами
У НА́ШИХ ЦА́РСТВЕННЫХ НОГ?"

...Но го́рдый Лорд-Ка́нцлер
Энтони Чва́нслер
Хохо́чет — ну про́сто беда́!
«Семна́дцать до́лгих-до́лгих лет стоя́л я во́зле Тро́на,
Я зва́нье Ка́нцлера носи́л, а во́все не Шпио́на!
Чтоб Я подгля́дывал в окно́?! Не ви́жу в том резо́на!
О нет! Никогда́! Ни-ког-да́!»

Ни сло́ва Коро́ль
Не сказа́л Лорду-Ка́нцлеру
(Го́рдому ло́рду
Энтони Чва́нслеру),
И Сам поскоре́е
Пусти́лся к воро́там,
Что́бы узна́ть,
Кто так беззасте́нчиво[1]
Им обрыва́ет звоно́к?

То был не Купе́ц
Из тропи́ческой А́фрики,
То был не Моря́к
Борода́тый, обве́тренный,
То был не Садо́вник
С большу́щей корзи́ною —
А про́сто Бродя́га. И был у Бродя́ги
Оди́н то́лько рва́ный сапо́г!

---

[1] беззастенчиво — shamelessly

Good King Hilary
Looked at the beggarman,
    And laughed him three times three;
And he turned that beggarman round about:
"Your thews are strong, and your arm is stout;
Come, throw me a Lord High Chancellor out,
    And take his place," quoth he.

Of Hilary the Good and Great
Old wives at Christmas time relate
This tale, which points, at any rate,
    Two morals on the way.

The first: *"Whatever Fortune brings,*
*Don't be afraid of doing things."*
(Especially, of course, for Kings.)
    It also seems to say
(But not so wisely): *"He who begs*
*With one red stocking on his legs*
*Will be, as sure as eggs are eggs,*
    *A Chancellor some day."*

Король поглядел
На Бродягу внимательно
И молвил с улыбкой: «Хорош!
Ты, видно, силач — ты мне можешь помочь!
А ну-ка, гони Лорда-Канцлера прочь,[1]
И если, Бродяга, ты будешь не прочь —[2]
То сам его место займёшь!»

Друзья мои! В стихах моих
ВО-ПЕ́РВЫХ есть и ВО-ВТОРЫ́Х.

(Когда скажу я вам про них,
Стихам конец настанет.)
Во-первых, я сказать хотел:
КУДА́ БЫ ТЫ НИ ЗАЛЕТЕ́Л,[3]
НЕ БО́ЙСЯ СКРО́МНЫХ, МА́ЛЫХ ДЕЛ,
КОГДА́ БОЛЬШИ́МИ ЗА́НЯТ!
А во-вторых, учти, дружок:[4]
ТОТ, У КОГО́ ОДИ́Н САПО́Г, —
ВПОЛНЕ́ ВОЗМО́ЖНО
В ДО́ЛЖНЫЙ СРОК
ВОЗЬМЁТ И ЛО́РДОМ СТА́НЕТ.

1 гони... прочь — get (him) out of here
2 если ты будешь не прочь — if you don't mind
3 куда бы ты ни залетел — wherever you may end up
4 учти, дружок — bear in mind, my friend

## BUCKINGHAM PALACE

They're changing guard at Buckingham Palace —
Christopher Robin went down with Alice.
Alice is marrying one of the quard.
"A soldier's life is terrible hard,"
                                  Says Alice.

They're changing guard at Buckingham Palace —
Christopher Robin went down with Alice.
We saw a guard in a sentry-box.
"One of the sergeants looks after their socks,"
                                  Says Alice.

They're changing guard at Buckingham Palace —
Christopher Robin went down with Alice.
We looked for the King, but he never came.
"Well, God take care of him, all the same,"
                                  Says Alice.

# КОРОЛЕ́ВСКИЙ ДВОРЕ́Ц

Сме́на карау́ла у дворца́!
        Загляде́лись
Кри́стофер Ро́бин с ня́нею Э́лис.
Э́лис просва́тана[1] за рядово́го.[2]
— СЛУ́ЖБА СОЛДА́ТСКАЯ ЖУТЬ КАК[3] СУРО́ВА, —
                мо́лвила Э́лис.

Сме́на карау́ла у дворца́!
        Загляде́лись
Кри́стофер Ро́бин с ня́нею Э́лис.
В бу́дке — Сержа́нт, черноу́с и высо́к.
— ГЛЯДИ́Т, КАК СЛУЖИ́ВЫЕ ТЯ́НУТ НОСО́К, —
                мо́лвила Э́лис.

Сме́на карау́ла у дворца́!
        Загляде́лись
Кри́стофер Ро́бин с ня́нею Э́лис.
Сно́ва не вы́шел Коро́ль на поро́г...
— ЧТО Ж, ОБОЙДЁМСЯ,[4] ХРАНИ́ ЕГО БОГ, —
                мо́лвила Э́лис.

---

1 просватана — engaged to marry
2 рядовой — private (soldier)
3 жуть как — awfully
4 обойдёмся — we will have to do without it

They're changing guard at Buckingham Palace —
Christopher Robin went down with Alice.
They've great big parties inside the grounds.
"I wouldn't be King for a hundred pounds,"
                              Says Alice.

They're changing guard at Buckingham Palace —
Christopher Robin went down with Alice.
A face looked out, but it wasn't the King's
"He's much too busy a-signing things,"
                              Says Alice.

They're changing guard at Buckingham Palace —
Christopher Robin went down with Alice.
"Do you think the King knows all about *me*?"
"Sure to, dear, but it's time for tea,"
                              Says Alice.

Сме́на карау́ла у дворца́!
          Загляде́лись
Кри́стофер Ро́бин с ня́нею Э́лис.
Ро́вным квадра́том гва́рдия вста́ла.
— Я Б КОРОЛЁМ И ЗА СО́ТНЮ НЕ СТА́ЛА, —
          мо́лвила Э́лис.

Сме́на карау́ла у дворца́!
          Загляде́лись
Кри́стофер Ро́бин с ня́нею Э́лис.
Хоть бы в око́шко Коро́ль погляде́л![1]
— ГДЕ ТАМ![2] ПОЛНО́ ГОСУДА́РСТВЕННЫХ ДЕЛ! —
          мо́лвила Э́лис.

Сме́на карау́ла у дворца́!
          Загляде́лись
Кри́стофер Ро́бин с ня́нею Э́лис.
— Зна́ет Коро́ль, что я де́лал вчера́?
— ЗНА́ЕТ, ГОЛУ́БЧИК, НО К ДО́МУ ПОРА́, —
          мо́лвила Э́лис.

[1] хоть бы в окошко король поглядел — if only the King would look out of the window
[2] где там! — no way! no chance!

# МНЕ КА́ЖЕТСЯ, ЧТО Я ТРАМВА́Й

# I THINK I AM A TRAM

# ВИШНЁВОЕ ДЕ́РЕВЦЕ

## CHERRY STONES

Па́харь. Сле́сарь.
То́карь. Пе́карь.
Парикма́хер и моря́к.
Ну а врач?
Скрипа́ч?
Апте́карь?
А бога́ч или бедня́к?

*Tinker, Tailor,*

*Soldier, Sailor,*

*Rich Man, Poor Man,*

*Ploughboy,
Thief —*

And what about a Cowboy,
Policeman, Jailer,
Engine-driver,
Or Pirate Chief?
What about a Postman — or a Keeper at the Zoo?
What about the Circus Man who lets the people through?
And the man who takes the pennies for the roundabouts
      and swings,
Or the man who plays the organ, and the other man who
      sings?
What about a Conjuror with rabbits in his pockets?
What about a Rocket Man who's always making rockets?

Oh, there's such a lot of things to do and such a lot to be
That there's always lots of cherries on my little cherry-tree!


А которые — танцу́ют? А кото́рые — пою́т?
А Нача́льник Фейерве́рка — тот, кто де́лает салю́т?
А Служи́тель Зоопа́рка — тот, кто льву́ броса́ет кость?
А Цирка́ч, кото́рый мо́жет де́сять стен пройти́ насквозь?[1]
Ну а фо́кусник с цили́ндром и со шта́нгою — Штанги́ст?
Или тот, кому́ я хло́пал за худо́жественный свист?
В ми́ре сто́лько же заня́тий и назва́ний для люде́й,
Ско́лько со́чных кра́сных ви́шенок
                       на ви́шенке мое́й!

---

[1] насквозь — right through

## BUSY

I think I am a Muffin Man. I haven't got a bell,
I haven't got the muffin things that muffin people sell.

Perhaps I am a Postman. No, I think I am a Tram.
I'm feeling rather funny and I don't know *what* I am —

      BUT
*Round* about
And *round* about
And *round* about I go —
All around the table,
The table in the nursery —

*Round* about
And *round* about
And *round* about I go;

# Я ЗА́НЯТ

По-мо́ему, я трубочи́ст.
А мо́жет быть, я врач?
Нет, нет, я конь! Коне́чно, конь!
И я пуска́юсь вска́чь.[1]
Мне ка́жется, что я трамва́й.
Наве́рно, я трамва́й.
А мо́жет быть, я самолёт?
Попро́буй, отгада́й![2]

НО
Вокру́г
И вокру́г,
И вокру́г,
И круго́м,
Вокру́г
Стола́
Бегу́
Бего́м.

[1] пуска́юсь вскачь — I break into a gallop
[2] попро́буй, отгадай — have a guess

I think I am a Traveller escaping from a Bear;

I think I am an Elephant,
Behind another Elephant
Behind *another* Elephant who isn't really there...

SO
*Round* about
And *round* about
And *round* about and *round* about
And *round* about
And *round* about
    I go.

А мо́жет быть, охо́тник я?
Живу́ в лесу́ среди́ зверья́?[1]
Нет, не охо́тник, я — оле́нь!
Да, да! Ура́! Оле́нь!
И мне скака́ть вокру́г стола́
Ни ка́пельки не лень.[2]

И
Вокру́г
И вокру́г,
И вокру́г
Я бегу́.
Стоя́ть
На ме́сте
Не могу́.

---

[1] среди зверья — among the animals (cf. звери)
[2] скакать... ни капельки не лень — always feels

I think I am a Ticket Man who's selling tickets — please,

I think I am a Doctor who is visiting a Sneeze;

Perhaps I'm just a Nanny who is walking with a pram
I'm feeling rather funny and I don't know *what* I am —

>BUT
>*Round* about
>And *round* about
>And *round* about I go —
>All around the table,
>The table in the nursery —
>*Round* about
>And *round* about
>And *round* about I go:

А мо́жет быть, я парово́з?
Чу-чу, чах-чах, чу-чу.
На всех пара́х¹ вокру́г стола́,
Чу-чу, чах-чах, лучу́.
А мо́жет быть, стару́шка я?
Бай-бай,² усни́, внучо́к.
Мне как-то стра́нно, кто же я?
Наве́рно, я волчо́к.³

НО
Вокру́г,
И вокру́г,
И вокру́г,
И круго́м,
Вокру́г
Стола́
Бегу́
Бего́м.

1 на всех пара́х — at full steam
2 бай-бай — hush-hush
3 волчок — spinning top

I think I am a Puppy, so I'm hanging out my tongue;
I think I am a Camel who
Is looking for a Camel who
Is looking for a Camel who is looking for its Young...

        SO
*Round* about
And *round* about
And *round* about and *round* about
And *round* about
And *round* about
    I go.

Я ду́маю, что я щено́к.
Я вы́сунул язы́к.
А мо́жет быть я, зна́ешь, кто?
Не догада́ется никто́,
Не догада́ется никто́ —
Я стра́шный чёрный бык!

И
Вокру́г,
И вокру́г,
И вокру́г
Я бегу́,
Стоя́ть
На ме́сте
Не
Могу́.

# IN THE FASHION

A lion has a tail and a very fine tail,
And so has an elephant, and so has a whale,
And so has a crocodile, and so has a quail —
    They've all got tails but me.

If I had sixpence I would buy one;
I'd say to the shopman, "Let me try one";
I'd say to the elephant, "This is *my* one."
    They'd all come round to see.

Then I'd say to the lion, "Why, *you've* got a tail!"
And so has the elephant, and so has the whale!
And, look! There's a crocodile! He's got a tail;
    *"You've all got tails like me!"*

# МОДА

Есть хвост у льва́ и у кита́,
У ра́ка, ти́гра и кота́.
Малы́шка-мы́шка[1] так и та́
Гуля́ть не вы́йдет без хвоста́.
Мне то́же ну́жен хвост!

Мне ну́жно де́ньги раздобы́ть,
Что́бы пойти́ в универма́г —
Купи́ть там хвост. — Ах, как же так[2], —
Сказа́ли б кит, и кот, и рак, —
Чей это чу́дный хвост?!

— Чей это хвост?! Чуде́сный хвост!
Он мой! Он мой! Он мой!
Есть хвост у за́йца и слона́,
У ко́шки хвост трубо́й.[3]
А э́тот хвост, чуде́сный хвост,
Он мой! Он мой! Он мой!

1 малы́шка-мы́шка — a little mousie
2 как же так? — how come?
3 хвост трубо́й — tail standing on its end

## FURRY BEAR

If I were a bear,
    And a big bear too,
I shouldn't much care
    If it froze or snew;
I shouldn't much mind
    If it snowed or friz —
I'd be all fur-lined
    With a coat like his!


For I'd have fur boots and a brown fur wrap,
And brown fur knickers and a big fur cap.
I'd have a fur muffle-ruff to cover my jaws,
And brown fur mittens on my big brown paws.
With a big brown furry-down up to my head,
I'd sleep all the winter in a big fur bed.

# МЕХОВО́Й МЕДВЕ́ДЬ

Вот е́сли б я медве́дем был,
Но то́лько не из плю́ша,
Я б сту́жу сра́зу полюби́л.
Да что тогда́ мне сту́жа![1]

Моро́зно или вью́жно,[2]
Мете́льно[3] или сне́жно[4] —
Трево́житься не ну́жно,
Когда́ оде́т медве́жно![5]

Я ходи́л бы в большо́м мехово́м пиджаке́,
В меховы́х рукави́цах (на ка́ждой руке́).
И в больши́х меховы́х (очень тёплых) штана́х,
И в больши́х меховы́х башмака́х (на нога́х).
Меховы́м одея́лом укры́т с голово́й,
Всю бы зи́му в посте́ли я спал мехово́й.

1 да что тогда́ мне сту́жа! — I wouldn't mind icy cold weather at all
2 вью́жно (from вью́га — snow storm)
3 мете́льно (from мете́ль — blizzard)
4 сне́жно (from снег — snow)
5 медве́жно (from медве́дь — bear)
The above four words (вью́жно, мете́льно, сне́жно, медве́жно) are neologisms made from nouns.

# DISOBEDIENCE

James James
Morrison Morrison
Weatherby George Dupree
Took great
Care of his Mother,
Though he was only three.
James James
Said to his Mother,
"Mother," he said, said he:
"You must never go down to the end of the town,
    if you don't go down with me."

James James
Morrison's Mother
Put on a golden gown,
James James
Morrison's Mother
Drove to the end of the town.
James James
Morrison's Mother
Said to herself, said she:
"I can get right down to the end of the town and be
    back in time for tea."

## НЕПОСЛУШÁНИЕ

Джеймс Джеймс
Мóррисон Мóррисон
Вéдерби Джордж Дюпри́
О́чень люби́л
И берёг свою́ мáму.
(Емý бы́ло гóдика три.)

Джеймс Джеймс
Мáме накáзывал:[1]
«Ты далекó не ходи́,
А если уж óчень захóчешь кудá-нибýдь,
Лýчше меня́ подожди́».

Джейн Джейн
Мóррисон-мáма
Надéла свой лýчший наря́д,
Джейн Джейн
Мóррисон-мáма
Пошлá посмотрéть на парáд.
Джейн Джейн
Мóррисон-мáма
Реши́ла, что тóлько час
Онá погуля́ет, а к чáю с варéньем
Успéет вернýться как раз.

[1] наказывал — warned

King John
Put up a notice,
"LOST or STOLEN or STRAYED!
JAMES JAMES
MORRISON'S MOTHER
SEEMS TO HAVE BEEN MISLAID.
LAST SEEN
WANDERING VAGUELY:
QUITE OF HER OWN ACCORD,
SHE TRIED TO GET DOWN TO THE END
OF THE TOWN — FORTY SHILLINGS
REWARD!"

Джеймс Джеймс
Мо́ррисон Мо́ррисон
Уговори́л короля́
Дать объявле́ние
В гла́вной газе́те:

«ПОТЕ́РЯНА МА́МА МОЯ́.
ВСЕМ ТЕМ,
КТО МНЕ ПОМО́ЖЕТ
МА́МУ МОЮ́ ОТЫСКА́ТЬ,
Я ОБЕЩА́Ю ШЕСТЬ ПЕ́ННИ В НАГРА́ДУ
СРА́ЗУ ЗА Э́ТО ДАТЬ».

James James
Morrison Morrison
(Commonly known as Jim)
Told his
Other relations
Not to go blaming *him*.
James James
*Said* to his Mother,
"Mother," he said, said he:
"You must *never* go down to the end of the town
without consulting me."


James James
Morrison's Mother
Hasn't been heard of since.
King John
Said he was sorry,
So did the Queen and Prince.
King John
(Somebody told me)
Said to a man he knew:
"If people go down to the end of the town, well, what
can *anyone* do?"

Джейн Джейн
Мо́ррисон-ма́му
Не ви́дели до сих пор.
Расстро́ены о́чень
Коро́ль с короле́вой
И весь короле́вский двор.


Джеймс — сын,
А Джейн его ма́ма,
Так кто же из них винова́т,
Что ма́ма без сы́на гуля́ть убежа́ла
И не верну́лась наза́д.

*(Now then, very softly)*

J.J.
M.M.
W.G. Du P.
Took great
C/o his M*****
Though he was only 3.
J.J.
Said to his M*****
"M*****," he said, said he:

"You-must-never-go-down-to-the-end-of-the-town-
if-you-don't-go-down-with ME!"

*(А тепе́рь совсе́м тихо́нько)*

Д. Д.
М. М.
В. Д. Д. При
Очень люби́л
И б. с. м.
(Ему́ бы́ло го́дика три.)


Д. Д.
М. нака́зывал
Т. д. не ходи́,
Ае́слиужо́ченьзахо́чешькуда́нибудь-
Лу́чшеменя́подожди́.

# CRADLE SONG

O Timothy Tim
    Has ten pink toes,
    And ten pink toes
Has Timothy Tim.
They go with him
    Wherever he goes
    And wherever he goes
They go with him.

O Timothy Tim
    Has two blue eyes,
    And two blue eyes
Has Timothy Tim.
They cry with him
    Whenever he cries,
    And whenever he cries,
They cry with him.

O Timothy Tim
    Has one red head,
    And one red head
Has Timothy Tim.
It sleeps with him
    In Timothy's bed.
    Sleep well, red head
Of Timothy Tim.

# КОЛЫБЕ́ЛЬНАЯ ПЕ́СЕНКА

У ма́льчика Ти́ма
Две ро́зовых пя́тки,
Две сла́дкие пя́тки,
(Спи, ма́льчик мой, Тим).
Когда́ Тим гуля́ет,
Две ро́зовых пя́тки,
Две ти́мовых пя́тки
Иду́т вме́сте с ним.

У ма́льчика Ти́ма,
Две пу́говки-гла́за,
Голу́беньких гла́за,
(Спи, ма́льчик мой, Тим).
Когда́ Тим запла́чет,
Две пу́говки-гла́за,
Два ти́мовых гла́за
Реву́т вме́сте с ним.

У ма́льчика Ти́ма
В кудря́шках голо́вка,
В ло́хматых кудря́шках,
(Спи, ма́льчик мой, Тим).
Когда́ Тим поло́жит
Её на поду́шку,
В кудря́шках лохма́тка[1]
Уснёт вме́сте с ним.

---

[1] лохматка — uncombed head

# JONATHAN JO

    Jonathan Jo
    Has a mouth like an "O"
And a wheelbarrow full of surprises;
      If you ask for a bat,
      Or for something like that,
He has got it, whatever the size is.

# ДЖО́НАТАН ДЖО

Джо́натан Джо!
Джо́натан Джо!
Рот у вас как бу́ква «О»!
Джо́натан,
Джо́натан,
Джо́натан Джо!

А в ва́шей та́чке,
Джо́натан Джо,
Чего́ там то́лько нет:
Три до́хлых мы́ши и утю́г,
И да́же кулёк конфе́т!
А в ва́шей та́чке,
Джо́натан Джо,
Есть ни́тка я́рких бус,
Башма́к, пиджа́к и колесо́,
И да́же кито́вый ус!

If you're wanting a ball,
It's no trouble at all;
Why, the more that you ask for, the merrier —
Like a hoop and a top,
And a watch that won't stop,
And some sweets, and an Aberdeen terrier.

Jonathan Jo
Has a mouth like an "O"
But this is what makes him so funny:
If you give him a smile,
Only once in a while,
*Then he never expects any money!*

Джо́натан,
Джо́натан,
Джо́натан Джо
Торго́вец хоть куда́[1] —
За свой това́р он не берёт
Ни пе́нни никогда́.

Джо́натан,
Джо́натан.
Джо́натан Джо.
Он за любы́х мыше́й
Берёт не де́ньги, а берёт
Улы́бку до уше́й.[2]

Джо́натан Джо!
Джо́натан Джо!
Джо́натан,
Джо́натан,
Джо́натан Джо!

[1] хоть куда — excellent, great
[2] улыбка до ушей — a large beming smile from ear to ear (lit. as far as the ears)

# THE OLD SAILOR

There was once an old sailor my grandfather knew
Who had so many things which he wanted to do
That, whenever he thought it was time to begin,
He couldn't because of the state he was in.

He was shipwrecked, and lived on an island for weeks,

And he wanted a hat, and he wanted some breeks;

And he wanted some nets, or a line and some hooks
For the turtles and things which you read of in books.

And, thinking of this, he remembered a thing
Which he wanted (for water) and that was a spring;

And he thought that to talk to he'd look for, and keep
(If he found it) a goat, or some chickens and sheep.

# БЕСТОЛКОВЫЙ МОРЯК

Жил на свете один бестолковый[1] моряк.
Про него мне рассказывал дедушка так:
Столько дел поутру он привык намечать,
Что до вечера думал — с какого начать?

Был на остров он выброшен бурной волной.
Стал он думать о шляпе, о куртке сухой,
О плодах, черепахах, сетях и снастях
И о прочем (о чём говорят в повестях).

Он подумал о тысяче разных вещей,
Но решил, что сначала поищет ручей,
А сперва, чтобы жизнь веселее была,
Заведёт он овечку, цыплят и козла.

---

[1] бестолковый — muddle-headed

Then, because of the weather, he wanted a hut
With a door (to come in by) which opened and shut
(With a jerk, which was useful if snakes were about),
And a very strong lock to keep savages out.

He began on the fish-hooks, and when he'd begun
He decided he couldn't because of the sun.

So he knew what he ought to begin with, and that
Was to find, or to make, a large sun-stopping hat.

He was making the hat with some leaves from a tree,
When he thought, "I'm as hot as a body can be,
And I've nothing to take for my terrible thirst;
So I'll look for a spring, and I'll look for it *first*."

Но во-пе́рвых, во-пе́рвых, он вы́строит дом
Со скрипу́чею две́рью, с надёжным замко́м,
Что́бы зме́и боя́лись скрипу́чих двере́й,
А надёжный замо́к не впуска́л дикаре́й.

Стал он де́лать замо́к, но доде́лать не смог.
Он реши́л, что меша́ет ему́ солнцепёк
И что на́до бы шля́пу снача́ла сплести́,
Чтоб от жа́ркого со́лнца заты́лок спасти́.

Стал он шля́пу плести́ из ветве́й и коры́.
Но поду́мал: «Да я раскалю́сь от жары́!¹
Я взорву́сь,² е́сли ста́ну ещё горяче́й!
И, пожа́луй, сперва́ отыщу́ я руче́й!»

---

1 да я раскалю́сь от жары — but I will turn white hot from the heat
2 я взорвусь — I will explode

Then he thought as he started, "Oh, dear and oh, dear!
I'll be lonely tomorrow with nobody here!"
So he made in his note-book a couple of notes:
*"I must first find some chickens"*

and *"No, I mean goats."*

He had just seen a goat (whick he knew by the shape)
When he thought, "But I must have a boat for escape.
But a boat means a sail, which means needles and thread;
So I'd better sit down and make needles instead."

He began on a needle, but thought as he worked,
That, if this was an island where savages lurked,
Sitting safe in his hut he'd have nothing to fear,
Whereas now they might suddenly breathe in his ear!

Он отпра́вился в путь, но присе́л на пенёк:
— Это про́сто ужа́сно! Я так одино́к! —
И в блокно́т записа́л он: «Сего́ же числа́[1]
Приручу́ я ове́чку. А лу́чше — козла́».

Вы́шел и́з лесу ко́злик и щи́плет траву́...
— Нет! Я вы́строю ло́дку — домо́й поплыву́!
На́до сшить паруса́... То́лько где же игла́?
Вот с иглы́ и начну́, а совсе́м не с козла́!

Он присе́л, чтоб иглу́ смастери́ть поскоре́й,
Но дрожа́л он от стра́ха, боя́сь дикаре́й.
— Был бы дом у меня́, я сиде́л бы внутри́.
Не смогли́ бы подкра́сться ко мне дикари́!

---

[1] сего́ же числа́ — today, the same day

So he thought of his hut ... and he thought of his boat,
And his hat and his breeks, and his chickens and goat,
And the hooks (for his food) and the spring (for his thirst)...
But he *never* could think which he ought to do first.

And so in the end he did nothing at all,
But basked on the shingle wrapped up in a shawl.
And I think it was dreadful the way he behaved —
He did nothing but basking until he was saved!

Он поду́мал про дом... и про ло́дку пото́м...
Про ручéй и плоды́ (для питья́ и еды́),
Про козла́ и про шля́пу, про дверь и замо́к...
Но с чего́ бы нача́ть — он приду́мать не мог!


Ни еди́ного де́ла из ты́сячи дел
Он не сде́лал, а про́сто под па́льмой сиде́л.
Бестолко́вый, он так и не встал бы с земли́,
Если б до́брые лю́ди его́ не спасли́!

# THE ALCHEMIST

There lives an old man at the top of the street,
And the end of his beard reaches down to his feet,
And he's just the one person I'm longing to meet,
    I think that he sounds so exciting;
For he talks all the day to his tortoiseshell cat,
And he asks about this, and explains about that,
And at night he puts on a big wide-awake* hat
    And sits in the writing-room, writing.

He has worked all his life (and he's terribly old)
At a wonderful spell which says, "Lo, and behold!
Your nursery fender is gold!" — and it's gold!
    (Or the tongs, or the rod for the curtain)'
But somehow he hasn't got hold of it quite,
Or the liquid you pour on it first isn't right,
So that's why he works at it night after night
    Till he knows he can do it for certain.

    * So as not to go to sleep.

# ВОЛШЕ́БНИК

Живёт-пожива́ет стари́к, говоря́т.
Седо́й бородо́ю до са́мых до пят[1]
Он ку́тает но́ги усну́вших ребя́т,
    И зна́ет он всё на све́те.

И но́чью, и днём бесе́ды с кото́м
Ведёт он подо́лгу об Э́том, о Том,
Волше́бную шля́пу наде́нет пото́м
    И пи́шет в своём кабине́те.

Он всю свою́ жизнь (а он ста́рый ужа́сно)
Рабо́тал упо́рно (пока́ что напра́сно)
Над чу́до-закля́тьем[2] (вот бы́ло б прекра́сно!),
    Кото́рое сто́ит любо́му сказаа́ть,

И конь деревя́нный как пти́ца помчи́тся,
Невку́сная ка́ша в компо́т преврати́тся,
И мно́го чуде́с ещё мо́жет случи́ться,
    Но я обо всех не могу́ рассказаа́ть.

---

[1] до самых до пят — down to (his) heels
[2] чудо-заклятье — a magic spell

# THE THREE FOXES

Once upon a time there were three little foxes
Who didn't wear stockings, and they didn't wear sockses,
But they all had handkerchiefs to blow their noses,
And they kept their handkerchiefs in cardboard boxes.

They lived in the forest in three little houses,
And they didn't wear coats, and they didn't wear trousies.
They ran through the woods on their little bare tootsies,
And they played "Touch last" with a family of mouses.

They didn't go shopping in the High Street shopses,
But caught what they wanted in the woods and copses.
They all went fishing, and they caught three wormses,
They went out hunting, and they caught three wopses.

# ТРИ ЛИСИ́ЧКИ

Жи́ли-бы́ли три лиси́чки на опу́шке у лесо́чка.
Не води́лось в их хозя́йстве ни чуло́чка, ни носо́чка.
Но зато́ коро́бки бы́ли, в них они́ всегда́ храни́ли
Три бати́стовых плато́чка, носо́вые три плато́чка.

И стоя́ли на опу́шке у лесо́чка их доми́шки.
Но они́ не надева́ли ни пальти́шки, ни штани́шки.
И сверка́ли ли́сьи пя́тки, когда́ мы́шки с ни́ми в пря́тки,[1]
С ни́ми в пря́тки и в пятна́шки[2] ка́ждый день игра́ли мы́шки.

На база́ры, в магази́ны три лиси́чки не ходи́ли.
В по́ле, в ре́чке и в лесо́чке всё, что на́до, находи́ли.
Шла охо́та у лиси́чек в чи́стом по́ле на плотви́чек,[3]
А пото́м они́ сини́чек[4] на реке́ втроём уди́ли.

1 пря́тки — the game of hide and seek
2 пятна́шки — tag (a children's game)
3 плотви́чки (dim.) — from плотва́ — roach (fish)
4 сини́чки (dim.) — from сини́цы — tomtits

They went to a Fair, and they all won prizes —
Three plum-puddingses and three mince-pieses.
They rode on elephants and swang on swingses,
And hit three coco-nuts at coco-nut shieses.

That's all that I know of the three little foxes
Who kept their handkerchiefs in cardboard boxes.
They lived in the forest in three little houses,
But they didn't wear coats and they didn't wear trousies,
And they didn't wear stockings and they didn't wear sockses.

Вот одна́жды в воскресе́нье три лиси́чки в парк собра́лись,
Там кача́лись на каче́лях, на слона́х верхо́м ката́лись.
Получи́ли там пода́рки от дете́й, гуля́вших в па́рке,
И от сча́стья три лиси́чки зарази́тельно смея́лись.

Вот и всё, что мне изве́стно про лиси́чек из лесо́чка,
У кото́рых нет в хозя́йстве ни чуло́чка, ни носо́чка,
У кото́рых на опу́шке у лесо́чка есть доми́шки,
Но кото́рые не но́сят ни пальти́шки, ни штани́шки.
Но зато́ есть три коро́бки, а в коро́бках три плато́чка.

# THE LITTLE BLACK HEN

Berryman and Baxter,
 Prettiboy and Penn
And old Farmer Middleton
 Are five big men...
And all of them were after
 The Little Black Hen.

She ran quickly,
 They ran fast;
Baxter was first, and
 Berryman was last.
I sat and watched
 By the old plum-tree...
She squawked through the hedge
 And she came to me.

## ЧЁРНАЯ КУ́РОЧКА

Бу́мстер и Ба́мстер,
Тре́ди и Тра́ди,
И ста́ренький Шу́мстер —
СОЛИ́ДНЫЕ ДЯ́ДИ —
Мча́лись за Чёрною Ку́рочкой вслед.
Стра́нно! Чего́ это ра́ди?[1]

Мча́лись они́
По лужа́йке сосе́дней
(Бу́мстер был пе́рвый,
А Шумстер после́дний).
Но проскочи́ла
Сквозь ды́рку в плетне́
Чёрная Ку́рочка
Пря́мо ко мне.

[1] чего это ради? — what for?

The Little Black Hen
    Said "Oh, it's you!"
I said "Thank you,
    How do you do?
And please will you tell me,
    Little Black Hen,
What did they want,
    Those five big men?"


The Little Black Hen
    She said to me:
"They want me to lay them
    An egg for tea.
If they were Emperors,
    If they were Kings,
I'm much too busy
    To lay them things."


"I'm not a King
    And I haven't a crown;
I climb up trees,
    And I tuble down.
I can shut one eye,
    I can count to ten,
So lay me an egg, please,
    Little Black Hen."

Чёрная Курочка
Сказала мне: «Привет!»
«Спасибо. Что слышно?» —
Сказал я в ответ. —
«И, кстати, скажи мне,
Чего это ради
Бегут за тобой
Эти взрослые дяди?»

Чёрная Курочка огорчена,
Чёрная Курочка возмущена:
«Что у людей за дурная привычка!
Они хотят, чтобы я непременно
Снесла им на завтрак яичко!

Да будь тут хоть Принц
Или сам Король —
Даже для них
Я нестись бы не стала!
Я ужасно занята
И чересчур устала.»

— И я не Король!
Не барон! Не маркиз!
Зато я могу
Влезть на дерево
И даже
Шлёпнуться вниз![1]
Считать я умею
До десяти!
А мне ты не хочешь
Яичко снести?

---

[1] шлёпнуться вниз — fall down (coll.)

The Little Black Hen said,
   "What will you pay,

If I lay you an egg
   For Easter Day?"

"I'll give you a Please
   And a How-do-you-do,
I'll show you the Bear
   Who lives in the Zoo,
I'll show you the nettle-place
   On my leg,
If you'll lay me a great big
   Eastery egg."

The Little Black Hen
   Said "I don't care
   For a How-do-you-do
   Or a Big-brown-bear,
But I'll lay you a beautiful
   Eastery egg,
If you'll show me the nettle-place
   On your leg."

I showed her the place
   Where I had my sting.
She touched it gently
   With one black wing.
"Nettles don't hurt
   If you count to ten.

Отвечает Курочка:
«А чем ты лучше дядь?
И что ты мне в награду
За это сможешь дать?»

— Я дам тебе «Спасибо»,
«Пожалуйста» скажу.
Слона в зоопарке
Тебе покажу
Ещё покажу
На коленке ожог:
Я ногу сегодня
Крапивой обжёг!

И жду я ответа...
Сказала она:
«Не надо «спасиба»,
Не надо Слона,
Но если покажешь
Крапивный ожог —
На завтрак яичко
Получишь, дружок!»

И чёрным крылом
Над крапивным ожогом
Нежно она
Помахала немного...
«От этих ожогов
Не плачут почти
Те, кто считает
До десяти!»

And now for the egg",
    Said the Little Black Hen.

When I wake up
    On Easter Day,
I shall see my egg
    She's promised to lay.
If I were Emperors,
    If I were Kings,
It couldn't be fuller
    Of wonderful things.


Berryman and Baxter,
    Prettiboy and Penn,
And old Farmer Middleton
    Are five big men.
All of them are wanting
    An egg for their tea,
But the Little Black Hen is much too busy,
The Little Black Hen is *much* too busy,
The Little Black Hen is MUCH too busy...
    *She's laying my egg for me!*

Проснулся я утром —
Ну и дела![1]
Яичко лежит
Посредине стола!
Вот здорово!
Будь я самим Королём
Яичка бы не было
В доме моём!

Бумстер и Бастер,
Треди и Тради,
И старенький Шумстер —
СОЛИДНЫЕ ДЯДИ —
Мчались за Чёрною Курочкой вслед.
Что делать? Дурная привычка!
Но Курочка ОЧЕНЬ БЫЛА ЗАНЯТА!
Но Курочка СТРАШНО БЫЛА ЗАНЯТА!
НУ ПРОСТО УЖАСНО БЫЛА ЗАНЯТА!
И МНЕ подарила яичко!

---

[1] ну и дела! (coll.) — well, what do you know?

## SPRING MORNING

Where am I going? I don't quite know.
Down to the stream where the king-cups grow —
Up on the hill where the pine-trees blow —
Anywhere, anywhere. *I* don't know.

Where am I going? The clouds sail by,
Little ones, baby ones, over the sky.
Where am I going? The shadows pass,
Little ones, baby ones, over the grass.

If you were a cloud, and sailed up there,
You'd sail on water as blue as air,
And you'd see me here in the fields and say:
"Doesn't the sky look green today?"

Where am I going? The high rooks call:
"It's awful fun to be born at all."
Where am I going? The ring-doves coo:
"We do have beautiful things to do."

If you were a bird, and lived on high,
You'd lean on the wind when the wind came by,
You'd say to the wind when it took you away:
"*That's* where I wanted to go today!"

Where am I going? I don't quite know.
What does it matter where people go?
Down to the wood where the blue-bells grow —
Anywhere, anywhere. *I* don't know.

# ВЕСЕ́ННЕЕ У́ТРО

Куда́ иду́, не зна́ю я —
Че́рез леса́, че́рез поля́...
Как хороша́ круго́м земля́!
Как хорошо́, что э́то я!

Иду́ я в путь, иду́ я в путь,
Куда́-нибу́дь, куда́-нибу́дь,
В путь отправля́юсь я
По ле́су вдоль ручья́.

Иду́ под со́лнцем и луно́й,
И по горе́, и под горо́й,
Иду по ро́щам и луга́м, —
Куда́ иду́, не зна́ю сам.

Вот хорошо́ бы пти́цей стать,
В пятна́шки с ве́тром поигра́ть,
А с облака́ми — в чехарду́![1]
Смотри́те: это Я иду́!

Скоре́е в путь, скоре́е в путь,
Куда́-нибу́дь, куда́-нибу́дь, —
Или вперёд, или круго́м,
Или пешко́м, или бего́м.

Куда́ иду́, не зна́ю я —
Че́рез леса́, че́рез поля́...
Как хороша́ круго́м земля́!
Как хорошо́, что э́то я!

[1] чехарда́ — leap-frog (a children's game)

## INDEPENDENCE

I never did, I never did, I never *did* like
    "Now take care, dear!"
I never did, I never did, I never *did* want
    "Hold-my-hand";
I never did, I never did, I never *did* think much of
    "Not up there, dear!"
It's no good saying it. They don't understand.

# КУДА́ БЫ УДРА́ТЬ?!

— Держи́ меня́ за́ руку, мой дорого́й!
— Споко́йно си́ди и не дры́гай ного́й![1]
— Не бе́гай, не стой, не молчи́ и не пой!

Куда́ бы удра́ть[2] мне от жи́зни тако́й?!
Куда́ бы, скажи́те, куда́ бы удра́ть,
Куда́ бы удра́ть мне, хоте́л бы я знать!

---

[1] дры́гать ногой — to jerk one's foot
[2] куда́ бы удра́ть? — where to run away to?

# IN THE DARK

I've had my supper,
    And *had* my supper,
        And *HAD* my supper and all;
I've heard the story
    Of Cinderella,
        And how she went to the ball;
I've cleaned my teeth,
    And I've said my prayers,
        And I've cleaned and said them right;
And they've all of them been
    And kissed me lots,
        They've all of them said "Good-night."

So — here I am in the dark alone,
    There's nobody here to see;

# В ТЕМНОТЕ

Сперва́ был у́жин,
И я ел у́жин.
И съел я у́жин,
И встал,
И вы́слушал ска́зку
Про Синегла́зку
И про
Короле́вский Бал.

Пото́м я мы́лся
И чи́стил зу́бы.
Как чи́стил я их
Вчера́.
И мне пожела́ли
Споко́йной Но́чи,
Сказа́ли мне:
— Спать пора́!

И вот я оди́н в темноте́ ночно́й,
Совсе́м оди́н. Но зато́ —

I think to myself,
I play to myself,
And nobody knows what I say to myself;
Here I am in the dark alone,
What is it going to be?
I can think whatever I like to think,
I can play whatever I like to play,
I can laugh whatevver I like to laugh,
There's nobody here but me.

I'm talking to a rabbit...
I'm talking to the sun...
I think I am a hundred —-
I'm one.


I'm lying in a forest...
I'm lying in a cave...
I'm talking to a Dragon...
I'm  B R A V E.

Я ду́маю САМ,
Я игра́ю САМ,
Сам с собо́й говорю́ в темно́те ночно́й,
И не зна́ет никто́, про что!

А ещё я игра́ю во что захочу́,
А ещё — размышля́ю о чём захочу́,
А ещё — хохочу́ над чем захочу́,
А над чем — не знает никто́!

Я с Кро́ликом болта́ю.
С Луно́ю и со Льво́м.
И со́тни голосо́в звуча́т
Во мне — одно́м.

Я сплю в лесу́ под ёлкой.
В пеще́ре сплю сыро́й.
Я говорю́ с Драко́ном —
Смельча́к![1] Геро́й!

---

[1] смельча́к — the brave one (from сме́лый)

I'm lying on my left side...
      I'm lying on my right...
I'll play a lot tomorrow...
   . . . . . . . . . . .
I'll think a lot tomorrow...
   . . . . . . . . . .
I'll laugh...
      a lot...
         tomorrow...
      *(Heigh-ho!)*
         Good-night.

На пра́вый бок, на ле́вый бок,
На ра́зные бока...
Вот поигра́ю за́втра!
Вот погуля́ю за́втра.
Попры́гаю
 и поскачу́...
  Побе́гаю,
   похохочу́...
    А спать...
     я во́все...
      не...
       хо-
        чу́...

. . . . . . . . . . . . . . . . . . . . . . . .

**В 1994 году вы можете приобрести в нашем издательстве:**

| | |
|---|---:|
| Ашкенази В. «Преодолевая границы». (Мемуары) | 12.50 |
| Близнецова Ина. «Вид на небо» (Стихи) | 8.00 |
| Болдырев П. «Уроки России» (Статьи, 246 с.) | 16.00 |
| Броуде Ина. «От Ходасевича до Набокова» | 10.00 |
| Вайль П., Генис А. «Родная речь». (Статьи, 200 с.) | 12.00 |
| Галич Александр. «У микрофона». (172 с.) | 12.00 |
| Гандельсман В. «Там на Неве дом» (Роман в стихах) | 9.00 |
| Горбаневская Н. «Цвет вереска» (Стихи, 120 с.) | 9.00 |
| Гордин Я. «Лев Толстой и русская история» | 12.00 |
| Губерман И. «Прогулки вокруг барака». (200 с.) | 10.00 |
| Довлатов С. «Чемодан» (Рассказы, 140 с.) | 7.50 |
| Долгополова Ж. «Русские разговоры» (Антология рас.) | 10.00 |
| Дружников Юрий. «Досье беглеца» (О Пушкине, 240 с.) | 15.00 |
| Ефимов И. «Архивы Страшного суда». (Роман, 320 с.) | 8.50 |
| Ефимов И. «Бремя добра» (Статьи, 240 с.) | 14.00 |
| Ефимов Игорь. «Седьмая жена». (Роман 420 с.) | 14.00 |
| *За тридевять земель* (Антология зарубежн. прозы) | 12.00 |
| Зернова Руфь. «Женские рассказы». (160 с.) | 7.50 |
| Иванов Георгий. «Третий Рим». (Избр. проза) | 14.00 |
| *Избранная проза семидесятых.* (260 стр.) | 14.00 |
| Лосев Лев. «Тайный советник». (Стихи) | 8.00 |
| Лосев Лев. «Чудесный десант». (Стихи) | 9.00 |
| Лосская Вероника. «Цветаева в жизни». (320 с.) | 15.00 |
| Муравина Нина. «Встречи с Пастернаком» (220 с.) | 15.00 |
| Найман Анатолий. «Облака в конце века» (Стихи) | 9.00 |
| Озерная Н. «Разговорник для новых американцев» | 9.00 |
| Ошеров В. «Но вечный выше вас закон» (Амер. конст.) | 14.00 |
| Платова В. «Роальд и Флора» (Рассказы, 200 с.) | 12.00 |
| Полторацкий Н. П. «Иван Александр. Ильин». (320 с.) | 17.00 |
| *Поэтика Иосифа Бродского.* (Статьи, ред. Л. Лосев) | 12.00 |
| Ратушинская Ирина. «Сказка о трех головах». (Расс.) | 7.50 |
| Ратушинская Ирина. Стихи. (На русс., англ., фран.) | 8.50 |
| Рейн Е. «Против часовой стрелки» (Стихи, 110 с.) | 8.00 |
| *Россия глазами женщин.* (Лит. антология, 190 с.) | 8.50 |
| Свирский Г. «Прощание с Россией». (160 с.) | 8.50 |
| Суслов Илья. «Мои автографы» (Рассказы, 200 с.) | 10.00 |
| Телесин Ю. «1001 советский полит. анекдот» | 10.00 |
| Троцкий Лев. «Дневники и письма» (304 с.) | 14.00 |
| Шварц А. «Жизнь и смерть Михаила Булгакова» | 12.00 |
| Шляпентох В. «Открывая Америку» (200 с., иллюстр.) | 9.00 |
| Эпштейн Михаил. «Отцовство» (Роман-эссе) | 12.00 |
| Эткинд Ефим. «Стихи и люди». (160 с.) | 9.00 |
| Юрьева С. «Вера Панова» (Биогр. очерк) | 10.00 |

Заказы и чеки отправлять по адресу: Hermitage, P.O.Box 410 Tenafly, N.J. 07670, USA. Tel. (201) 894-8247
К стоимости заказа добавьте 2.00 дол. на пересылку (независимо от числа зак. книг). При покупке 3-х и более книг скидка 20%.